Lutz-Rüdiger Schöning

Brückenschläge

Kurz- und Kleingeschichten

Herstellung: Libri Books on Demand

Titelgestaltung: Andreas Lenz

ISBN: 3–8311–0113-2

1. Auflage 2000

Vorwort

Vorworte, die nicht von wohlmeinenden Promis geschrieben wurden, sind überflüssig, weil dahinter die Absicht vermutet werden kann, dass dem Leser etwas erklärt werden soll.

Im Regelfall die Überschrift

Damit wird jemand, der im Vollbesitz geistiger Kräfte Geld für ein Büchlein ausgegeben hat, glatt unterfordert.

Also soll der GenLes, je nach Anspruch als geneigter oder genialer Leser zu interpretieren, doch bitteschön selbst dahinter kommen, dass hier vorhandene Kurz- und Kleingeschichten aus dem vorigen Leben des verf, je nach Lesart der Verfasser oder der Verfremder, mit neueren Merk-Würdigkeiten kombiniert wurden. In der geradezu anmaßenden Hoffnung, dass erinnerndes oder erkennendes Schmunzeln geeignet sein könnte zum Brückenschlag zwischen den Lesern von hier und dort, von früher und heute.

Vorsorglich sind für alle Fälle die Jahreszahlen der Entstehung der Geschichten angemerkt. Bei Rätselbedarf bitte einfach zuhalten!

Apropos, Rätselbedarf. Die Anwendung der neuen Zurechtschreibung erhebt keinen Anspruch auf Vollständigkeit!

Marktwirtschaftlich gesehen ist ein Vorwort natürlich die reine Preistreiberei. Der GenLes zahlt eine Seite mehr.

Danke!

der verf

Glindow, im Jahr 2000

Altlasten

Hausmitteilung

Ratschmann grübelte schon zwanzig Minuten vor sich hin.
In dem vor ihm liegenden Computerausdruck hatten die
Zeichen zu schwimmen begonnen. Ablenkung tat not.
Also bedachte Ratschmann nahe liegendes. Zum Beispiel
den Einkaufszettel. Täglich wurde es mehr, was Gisela im
heimatlichen Kiez nicht zu kaufen bekam. Ratschmanns
Erfahrung besagte zwar, dass die Streuverluste bei der
Warenbereitstellung in allen Stadtbezirken die gleichen
waren, aber das ließ Gisela nicht gelten. Auch nicht, dass
sich die Auskünfte der Verkäuferinnen auf stereotype
Weise glichen.
Verkäufer! Facharbeiter für die Verneinung von
Kundenwünschen sollten die heißen. Ratschmann war an
und für sich kein Querulant. Zu der Idee einiger seiner
Kollegen, mal eine Computerliste relativ bekannter Waren
aufzustellen und nachzuforschen, wo sie wohl geblieben
waren, hatte er sich der Stimme enthalten. Immerhin hatte
er neulich in dem großen Neubau-Autohaus tatsächlich ein
gesuchtes Ersatzteil bekommen. Den Schriftzug für das
Trabant-Heckteil. Dass er dann nicht richtig passte, war
der Tribut an die rasche Modellpflege der Zwickauer.
Änderungen im Interesse des wissenschaftlich-technischen
Fortschrittes vorbehalten, oder so. Der WTF! Wenn ihn
alle vorantrieben, eben mit ganzer Kraft, dann würde es
schon werden mit dem Abbau der Versorgungslücken.
Von nichts kommt eben nichts. Und die letzten
Parteitagsdokumente waren ja sehr zuversichtlich
gewesen.
Ratschmann seufzte, streckte vorsichtig den Körper und
drückte zwei, drei Armbeugen auf den Lehnen des

Bürostuhles. Mehr schaffte er nie. Bürogymnastik. Es half aber. Die Zahlen wurden deutlicher. Um bald darauf wieder zu verschwimmen. Im Zimmer war es warm. Geradezu stickig. Warum mussten die Kollegen Heizer bei diesen fast sommerlichen Außentemperaturen so mit den Kohlen aasen? Ratschmann erhob sich und klappte, entgegen einer institutsinternen Hausmitteilung, das Oberfenster auf. Das war in der Heizperiode streng untersagt. Energie sparen, Kollegen. Nichts gegen kurzzeitiges Lüften, aber bitte nicht die Mark Brandenburg heizen. Der Verwaltungschef war ein verdienter Genosse, man sah ihm die veraltete Ortsbezeichnung nach. Ratschmann wischte sich über die breite Stirn. Konnten sie nicht einfach die Heizung drosseln, wenn sich der Wetterbericht schon geirrt hatte? Mit den Ventilen an den Heizkörpern ging es ja leider nicht. Die waren seit Jahren durch Rost und Farbe hoffnungslos verklebt. Aber für die Heizer gab es wohl keine Mitteilung. Ehrlich gesagt, die Hauspostillen wurden von niemandem ernst genommen. Schon gar nicht das Heizungspamphlet. Und das war bei dieser Affenhitze auch kein Wunder. Da musste sich dieser knochentrockene Krümelkacker schon etwas anderes einfallen lassen. Von nichts kommt nichts. Ratschmann lächelte im Einschlafen.
Plötzlich war er hellwach. Was für ein widerliches Geräusch!! Ratschmann hasste solche Töne. Er reagierte geradezu allergisch auf das Sirren, Brummen oder Flirren von Mücken, Wespen oder gar Hornissen. Eine Zeitung hatte zwar neulich erst berichtet, dass Hornissen relativ ungefährlich seien, aber die schrieb so manches. Und was ist für den naturschützenden Oberförster Knacktritt, auf den man sich als ausgewiesene Kapazität stützte, eigentlich relativ ungefährlich? Zehn Stiche, oder drei? Ratschmann lauschte angespannt und ortete den Störenfried endlich an der im Dienst ergrauten

Perlongardine. Ha, ein Wespenvieh! Na warte!
Ratschmann suchte nach einer Waffe. Das Zentralorgan?
Das Kunststofflineal? Oder besser das Staubtuch? Die
Tüte mit den Notlichtkerzen? Zu labil. Ratschmann
entschied sich für das solide Lineal. Er rückte vorsichtig
zum Fenster vor. Das Biest saß ruhig da, bewegte auf ganz
possierliche Art seine Fühler und beobachtete
wahrscheinlich den sich nähernden Ratschmann aus den
Winkeln seiner Facettenaugen. Der pirschte, das Lineal in
der Vorhalte. Ein metallischer Ton kündete von der Flucht
des Eindringlings. Ratschmann verlegte sich erneut auf die
Beobachtung. Das Tierchen flog auf einer exakt
senkrechten Bahn an der Scheibe nach oben. Wunderte
sich bestimmt über die Festigkeit des zwar
durchschaubaren aber undurchdringlichen Hindernisses.
Stellte zeitweilig, begleitet von besonders aufmüpfigem
Brummen, den Körper senkrecht zum Glas, erzielte
natürlich keinen Durchbruch.
Ratschmann überlegte. War es tatsächlich eine Wespe?
Oder doch eine Biene? Worin bestand eigentlich der
Unterschied? Das war schließlich sehr wichtig. Bei einer
Wespe konnte der Zuschlag gleich erfolgen. Bei einer
Biene wäre es etwas anderes. Bienen sind,
volkswirtschaftlich gesehen, Nützlinge. Helfer im
Produktionsprozess! Bestandteil der Beschleunigung des
Zuwachses an Nationaleinkommen. Von nichts kommt
nichts. Und gerade in der Landwirtschaft wurde ja jede
Produktivkraft gebraucht. Nicht nur der Bienenhonig, von
dem Ratschmann zwar wusste, dass es ihn gab, aber nicht
wo, sondern vielmehr der Akt der Bestäubung, der
Befruchtung aller nützlichen Pflanzen in Feld und Flur,
war das abrechenbare Ergebnis des Bienenfleißes.
Nachgefragtes Gut Natur. Ratschmann hatte aufgepasst in
der Schulung.

Wenn es also eine Biene war da am Fenster, was dann? Er ließ die Waffe sinken und überlegte. Wie das Tierchen wohl hereingekommen war? Und warum? Das Wie war klar, schließlich stand das obere Kippfenster dank Ratschmanns Undiszipliniertheit sperrangelweit offen. Nicht nur der Heizeffekt hatte sich verringert, es war auch zu unerlaubtem Zutritt gekommen. Aber warum zum Teufel flog die ja angeblich so überaus kluge und begabte Biene, die, wie man wusste, einem regelrechten Staatswesen entstammte und immer präzise in die angestammte Behausung zurückfand, ausgerechnet in dieses nicht einmal farblich attraktive, geschweige denn geruchsfreundliche Bürofenster?

War sie vielleicht ein wenig pervers?

Liebte sie Aktenmief und Papierstaub, wo andere ihrer Art die freie Natur vorzogen? War sie über die Maßen neugierig? Oder abgestumpft? Oder gar abgerichtet??

Hatte sie, erschöpft vom Pollensammeln und ewigen Abstreifen des klebrigen Zeuges vom Hinterleib, nur ein Päuschen einlegen wollen? War es ihr vielleicht doch noch zu frisch an den Flügelspitzen? Oder hatte sie ganz einfach das Sammeln für andere satt?

Ratschmann legte das Lineal auf den Schreibtisch zurück. So einem wichtigen Tier hätte er nun beinahe den Garaus gemacht. Er schämte sich. Eine Fehlleistung, ein black-out, wie man neuerdings sagte. Er änderte seine Meinung auch nicht, als ihm plötzlich das Schicksal der Drohnen einfiel. Meine Güte, einmal und dann sterben!! Ein hartes Los, auch wenn es zehnmal die Königin war. Aber wenn sie nun mal keine andere Qualifikation haben, die Kollegen? Von nichts kommt nichts, auch nicht in der Monarchie.

Ratschmann massierte sich die knubbligen Nasenflügel unter der Brille. Dann legte er die Hände auf den Rücken und versuchte an seinem Bauch vorbei die Schuhspitzen zu entdecken. Das wurde auch immer schwieriger. Ob er sich vielleicht doch einmal um Honig kümmern sollte, statt um Salami? Tatsache, die Schuhe waren weg, nicht mehr zu sehen.

Die Biene auch.

He, wo bist du denn, du nützliche kleine Imme?

Die Imme saß hinter einem Gardinenring und schwieg sicherheitshalber. Sie konnte sich denken, was das Lineal bedeutete. Ratschmann sah noch ein wenig aus dem Fenster, dann setzte er sich wieder und zog die Computerprotokolle zu sich heran. Schlagbezogene Düngeroptimierung. Schaderregende Insekten pro Quadratmeter Anbaufläche. Projektionsinformation bei Optimierungsmaximum. Die interplinierende Interplikation der Kontramenüs....Ratschmann seufzte erneut. In seinen Augen scheuerte bei jedem Lidschlag eine geballte Ladung Schlafsand.

Der kleine Gast kam hinter der Gardinenstange hervor und sorgte für Abhilfe. Drei Minuten und zwanzig Sekunden lang. Ratschmann hatte beim ersten Ton zufällig auf die Uhr gesehen. Drei zwanzig! Wie lange müssen Bienen eigentlich täglich arbeiten? Wo kann man das nachschlagen? Wenn sie in einem Staat leben, dann ist die HBZ, die Honig-Beschaffungs-Zeit, möglicherweise sogar in einem RKV, einem Rahmenkollektivvertrag geregelt? Und wie war das mit den Vorgesetzten, hatte die Summserin auch welche? Wurde ihre Anwesenheit vermerkt, bekam sie die Flugrouten und die Grenzen des Beschaffungsbereiches vorgeschrieben? Was passierte, wenn sie nicht mehr in den Bau zurückkehrte?

Bienenwagen wechseln ihre Standorte. Mobile Futtersuche. Bienenweide. Hängengebliebene Schlagworte. Man wusste zu wenig. Über Bienen. Über die honigsammelnden Bienen. Andere? Das war lange her. Hin und wieder ein kesser Blick, ein flotter Spruch, wenn die jungen Damen von der Datenerfassung in der Nähe waren, mehr nicht. Keine Verrenkungen mehr, keine Sprünge, schon gar keine seitlichen. Kein Gegenstand lüsterner Befragung in der Parteiversammlung.

Dunnerkiel, zu welchen Gedankenausflügen verführte der kleine Gast. Kaum zu glauben! Nur gut, dass man nicht blindwütig zugeschlagen, nicht kaltblütig gemordet hatte. Oh, wie nötig haben wir alle ein neues Denken, ein Nachdenken auch in bezug auf die kleinen Dinge des Lebens. Ratschmann legte augenblicklich das Schlaginstrument in den Schreibtischkasten und schob die Lade mit dem muskulösen Bauch zu.

Zum arbeiten jedoch kam er, obwohl inzwischen hellwach, nicht.

Die Tür wurde schwungvoll aufgerissen. Herein brauste Müllermeier, einen Aktenordner in der Hand. Wahrscheinlich zur Tarnung, man kannte das. Es gab Kollegen, die erschienen zum Essen mit einem Ablagedeckel.

Dieser spillerige Mülermeier ist ein flexibler Mensch. Jedenfalls nennt er sich selbst so. In Ermanglung von Gewerberäumen, so lautet das Kantinengerücht, betreibt er quasi in allen Räumen des Institutes eine Privatagentur. Müllermeiers Hobby sind nämlich Beziehungen. Vitamin B. Er betreibt Beziehungsvermittlung. Das funktioniert mit denkbar geringem Aufwand. Müllermeier selbst besitzt nichts als Kenntnisse darüber, wer was verwaltet. Oder besorgen kann. Er kennt hunderttausend Leute. Und weiß demzufolge, wo es etwas gibt, wenn es etwas nicht gibt. Müllermeier ist EPE, Engpassentsorger. Müllermeier ist beliebt. Ersatzteile, delikate Konserven, Kabarettkarten, frühes Gemüse, alles keine Hürden. Natürlich kommt Müllermeier kaum noch zum arbeiten. Man sieht es ihm nach. Von nichts kommt nichts. Der Mensch hat Wünsche, sogenannte Bedürfnisse. Champignons zur Jugendweihe,

Karten für die Semperoper, weiße Bücherregale, die ledergebundene Schweinerei von King Ping Meh, Holzlasur für den Bungalow, Tomaten für den Geburtstag im April, pinkfarbene Plastejalousien, vielleicht sogar einen Studienplatz für Germanistik? Eine vielfarbige Palette. Und der kleine Tausendsassa weiß immer Rat.

Müllermeier also kam herein, wedelte mit dem Hefter und ging nach zwei, drei allgemeinen Floskeln geradewegs zum Thema über. Sag mal, Verehrtester, du sollst da einen Karosserieklempner in der Familie haben, so einen Blechzauberer, der aus einem zwanzigjährigen Wartburg ein Messemodell macht, munkelt man im Hause. Kannst du nicht mal ein gutes Wort...es soll dein Schaden nicht sein...

An dieser Stelle unterbrach er sich und starrte wie hypnotisiert auf die Gardine.

Mein Gott, flüsterte er, plötzlich kreidebleich, du hast da eine Wespe, Ratsch, weißt du das?

Ratschmann lächelte überlegen. Der hatte ja eine panische Angst vor dem Tierchen.

Keine Bange, lieber Müllmei, die tut dir nichts, wenn du sie nicht reizt. Übrigens ist es nach meiner Ansicht eine Biene.

Müllermeier rückte aus bis zur Tür. Sein Gesicht zuckte.

Das ist eine ganz ordinäre Wespe. Und drei Stiche töten ein Pferd!

Nun mach mal nicht die Pferde scheu, sagte Ratschmann begütigend. das ist ein ganz harmloses Geschöpf. He, was machst du denn, was willst du tun, lass das bitte...

Der Appell verhallte ungehört. Müllermeier hatte sich bereits entschlossen. Vorsichtig schlich er auf das Fenster zu und versuchte durch einen plötzlichen Rundumschlag den ungebetenen Gast mit dem Hefter zu treffen.

Vergeblich, wie sich gleich zeigte. Die Wespe, in einer gerade begonnenen Flugbahn gestört durch den ungewohnten Sog am Hinterteil, drehte vom Licht ab und flog auf Ratschmann zu. Sie setzte sich, wohl erschreckt durch die Attacke und außer Atem vom heftigen Flügelschlagen gegen den Wind, auf Ratschmanns Brillensteg und stützte sich mit dem Hinterleib auf dem warmen Nasenrücken ab. Müllermeier wendete auf dem Absatz, ließ sich offensichtlich vom Jagdtrieb steuern, sah, kam und schlug erneut zu unter den idiotischen Worten: Hau ab, halt still! Die Wespe, nun wohl doch ein wenig gereizt, tat, was in ihrem Instinktprogramm vorgesehen war für solche Fälle: sie stach zu. Gnadenlos! Müllermeier schlug wieder und wieder, Ratschmann brüllte. Die Wespe büßte einen halben Fühler ein, entkam aber ansonsten unbeschadet zum Fenster hinaus.

Ratschmanns gewiss nicht zierliche Nase schwoll in Sekundenschnelle zu einem rotglühenden Hügel an. Müllermeier hielt ein Tempotaschentuch unter den Wasserhahn und legte das fragile Gebilde zur Kühlung auf Ratschmanns Nasenwurzel. Zwiebel wäre besser, murmelte er, aber er hatte im Augenblick keine Zwiebeln dabei. Nur Papiertaschentücher, die auch zur Zeit schwer zu bekommen waren. Wurden angeblich nach China exportiert. Wie weiland alle Zahnbürsten.

Als Müllermeier sicher war, dass es im Augenblick für ihn nichts weiter zu tun gab, fiel ihm der Hefter wieder ein. Vielleicht half Ablenkung.

Er legte den Aktendeckel auf den Tisch.

Du sollst bei Gelegenheit unterschreiben und dann den Ordner weitergeben, lieber Ratsch, sagte er leise und mitfühlend. Es ist übrigens wieder mal eine Hausmitteilung zum Verschluß der oberen Kippfenster. Du kennst das ja. Diesmal hat sich der Verwaltungsleiter eine ganz neue Variante ausgedacht. Er hat unter dem Dach angeblich ein Wespennest entdeckt ...

Mai 1989

Arbeit bis mittag

Es gibt welche, die sind auch damit überfordert. Es gibt
welche, die sich vor sich selbst schämen, weil sie
unterfordert sind. Andere gibt es, die weinen, wenn sie
nach Jahresfrist zum Flur V im AA zurückkehren müssen.
Wiederum andere scheißen auf die paar Mark mehr und
bleiben lieber arbeitslos.
Wer kannte im Land mit dem AKÜFI, dem
Abkürzungsfimmel, das Kürzel ABM?
Mal Hand hoch.
Nix. Siehste wohl!
ABV ja.
ABF. Wot tak, Herr Kant.
ABS. Schon mehr was für Eingeweihte. Der "Trabant de
luxe" kam mit Trommelbremsen zur letzten Messe. Der
"Wartburg" laborierte noch an den hinzugekommenen
zwei Takten. Keine Zeit für solche Schnurrpfeifereien wie
elektronische Bremsbeeinflussung.
Arbeiter- und Bauernmacht wurde aus guten Gründen
ausgeschrieben. Soviel Zeit musste sein.
ABM also ein Kürzel der Saltowende. Quatsch, Salto führt
ja in den Ausgangsstand auf festem Boden. So gesehen
war die Wende eher eine Fechterflanke. Schwung holen
und Absprung ins Ungewisse.
Wer Glück hat, kriegt 'ne ABM!

Und nun redet die ganze arme Verwandtschaft in der Ostzone von nichts anderem.

Eine wahre Zauberformel.

Arbeit bis Mittag.

Auch bloß Müßiggänger.

Armer Blümscher Mitesser.

Alles blanke Anmaßung.

Dabei ist allein die Begründung, die zur Genehmigung einer solchen Arbeitsbeschaffungsmaßnahme führt, ein wahres Meisterwerk zur Abwehr bürokratischer Macht. Inhalt der ABM darf keine Pflichtaufgaben ersetzen. Sie muss zusätzlich getan werden. Möglich, dass man durch sie ein wenig Zeit gewinnt für ein Vorhaben. Sie erfordert im Allgemeinen keine besondere Qualifikation. Zumal die Ostler eh phantasielos sind in ihren Berufsbezeichnungen. Was ist schon der Facharbeiter für die veredelnde Oberflächengestaltung von Innenräumen gegen einen Personaltrainer, Projektdirigenten oder Verkaufsförderer. Wenn überhaupt, soll im nächsten Jahr ein anderer in der gleichen Stellung glücklich gemacht werden. Na, immerhin kann man zur Schufa-Überprüfung für ein Abzahlungsgeschäft eine ordentliche Lohnabrechnung vorlegen. Steht ja nicht drauf, dass man halb arbeitslos ist.

Was soll also die Aufregung?

Nichts.

Dauert eben ein Weilchen, bis sich die Dankbarkeit einstellt.

Und die Erkenntnis, dass man eigentlich nichts
Ordentliches gelernt hat in den vierzig Berufsjahren.
Der Motzmeier, der selbst unter dem Einfluß der MP, der
Margot-Pädagogik, die gerichtet war auf die eingebildete
Nation, aus der sechsten Klasse als total überalterter
Schüler entlassen werden musste, dieser Motzmeier also
hatte es richtig gemacht. Widerstand leistend gegen die
SoLeiGe, die sozialistische Leistungsgesellschaft, hatte er
im Hobby-Keller des väterlichen Handwerkeranwesens
eine Marktlücke bedient: handgedrechselte Griffe für die
Toilettenspülung! Und weil samstags in der Schule nie
viel los war, verkaufte er die Dinger höchst eigenhändig
auf dem Wochenmarkt. Damit war wesentlich mehr zu
verdienen, als nur Ruhm und Ehre. Wem es nur darum
ging, der konnte ja zum Subbotnik latschen. Oder, die
höhere Stufe, selbst einen initiieren. Nach dem alten
Grundsatz der Freien Deutschen Jugend: Wer eine gute
Idee hat, der führt sie am besten gleich selbst aus!
Motzmeier also fuhr als kaum Volljähriger einen Lada
1500. Gebraucht, aber schnell. Der Sowjet-Mercedes. Sein
Lehrer strampelte sich auf dem alten MIFA-Rad ab.
Folgerichtige Entwicklung: Motzmeier ist heute im
Versicherungs- und Immobiliengeschäft, sein Pauker
annonciert Nachhilfe im Rahmen der gesetzlichen
Zuverdienstspanne und verkauft Zeitungen. Bei freier
Zeiteinteilung. Gute Verdienstmöglichkeiten und Karriere
im Strukturvertrieb. Bei positivem Denken Sprung in die

Selbständigkeit möglich. Allerdings wird er ohne Eigenkapital wohl kein Bein auf die Erde bekommen. Geschieht ihm recht, warum musste er sich so furchtbar aufregen, als Motzmeier seinerzeit im StaBü-Unterricht wohl mehr aus Versehen postulierte, dass das Geld die Welt regiert.

Motzmeier ist ein ganz neuer Mensch. Er geht wieder in die Kirche. Die besten Kunden sind schließlich die alten Leutchen mit drei Morgen Wind hinterm Haus. Also wird Motzmeier in christlicher Nächstenliebe etwas für seinen alten Lehrer tun.

ABM. Aus burem Mittlait!

Er wird ihm am Sonntagmorgen eine Zeitung abkaufen.

Dez. 1995

Rollenwechsel

Der Mann in der modischen Lederbundjacke fasste sein
Anliegen in einem Satz zusammen. Es geht im Grunde um
überschaubare, politische Information mit progressiv-
optimistischer Aussage.Das will vorbereitet sein, das
überlassen wir vom Fernsehen der DDR doch nicht dem
Zufall. Und schon gar nicht bei einem Ereignis vom Range
dieser Ausstellung!
Dann machte er eine Pause und sah sein Gegenüber
bedeutungsvoll an.
Wie seid ihr bloß auf mich gekommen, fragte Horst Kunz.
Und woher wollt ihr überhaupt wissen, wann genau diese
Besucherzahl erreicht ist. Handbetrieb oder
Computerunterstützung? Natürlich gehe ich hin, aber
warum muß gerade ich der Jubiläumsbesucher sein?

Kann man alles beantworten, denke ich, sagte der Mann
vom Fernsehen und freute sich still darüber, dass Kunz
den Blick nicht wenden konnte von der neuen modischen
Jacke. Ach, der würde auch einsichtig werden. War immer
ein schönes Stück Arbeit, bis die Auserwählten sich
fügten.
Oder gibt es inzwischen auch dafür eine Warteliste oder
Karteikarte, murmelte Kunz.
Wieso inzwischen, fragte der Jackenmann, waren Sie denn
schon mal in dieser Rolle?
Rolle ist gut, Rolle trifft es genau. Muss an die zwei
Jahrzehnte her sein, wenn nicht noch länger, überlegte
Kunz halblaut. Damals war es ein Bahnsteig auf dem
Ostbahnhof. Ich fuhr mit einer Jugenddelegation in das
große Land. Vorher hatten wir im Betrieb diesen neuen
Baustein ausprobiert. Schlacke und Beton. Oder war es die
Verbundplatte? Sehen Sie, so genau weiß ich das gar nicht
mehr. War wohl doch die Platte. Hatte seinerzeit viel

Staub aufgewirbelt. Eine publizistische Aktion wurde angekurbelt. Alle Medien berichteten im Gleichschritt. Mich hatten sie sofort am Wickel. Geht nicht anders, haben sie mich gelöchert, muss einer sein von deiner Sorte. Jung, dynamisch, kesses Mundwerk, klassenbewusst sowieso, rundherum präsentabel. Alles andere machen wir. Was zu sagen ist, schreiben wir dir auf. Kein Mißtrauen, nur Vorsorge, Experimente können wir uns nicht leisten. Schließlich hört neuerdings die ganze Welt zu. Soweit wir sie erreichen. Knappe zehn Sätze, die wirst du wohl bringen ohne hängenzubleiben. Musst du dir halt Mühe geben, Sportfreund. Es geht um deinen Betrieb, ach was, um unsere gesamte Volkswirtschaft und ihre Leistungsfähigkeit. Im Grunde also um unser ganzes Land. Da schadet Öffentlichkeitsarbeit nie. Also zier´ dich nicht wie die Zicke am Strick, es tut nicht weh.

Wurde dann auch so, wie es der Chef der Flimmerfritzen vorausgesagt hatte. Oh pardon, der Fernsehregisseur. Trug übrigens damals auch so eine schöne Lederjacke aus dem Rentnerimport. Von wegen zehn Sätze! Mit allen Wiederholungen waren es hundert, wenn das reicht. Und im entscheidenden Augenblick habe ich dann doch einen vergessen. Ausgerechnet den, wo vom Lernen und den Vorleistungen unserer Partner im Freundesland die Rede war. Ich weiß, heute wäre das unproblematisch. Wie sich die Zeiten ändern. Seinerzeit nölten die Fernsehleute herum und die Kollegen feixten. Damals habe ich mir geschworen: nicht noch einmal das Theater! Mein Bedarf an öffentlichen Auftritten ist gedeckt für alle Zeiten. Da hätte ich ja gleich Schauspieler werden können. Sagen Sie man Ihren Kollegen und Auftraggebern, ich hätte Bedenken. Oder kalte Füße. Nein, Bedenken ist besser. Die finden bestimmt einen anderen. Dynamisch und .. wie hieß das? Präsentabel.

Die Lederjacke hatte alles ruhig angehört. Immer dasselbe, dachte er. Immer zurückhaltend, diese wirklich verdienstvollen Leute, immer bescheiden. Dass man die jedesmal erst überreden musste. Na, das war seine Arbeit, dafür wurde er gut bezahlt. Der Fernsehmann seufzte. Nun habe ich Ihnen geduldig zugehört, wie wäre es, wenn wir mal für fünf Minuten den Spieß umdrehen? Die fünf Minuten zogen sich hin. Kurz vor Beginn des Abendprogramms schaute Frau Kunz ins Wohnzimmer und hob fragend eine Augenbraue hoch. Kollege Lederjacke konnte natürlich nicht sehen, was sich da pantomimisch hinter seinem Rücken abspielte. Aber er ahnte es. War es vielleicht ein gutes Zeichen, dass Kunz trotz der unvermuteten Störung die neue Serie, wenn auch ohne Ton, eingeschaltet gelassen hatte, über die alle Eingeweihten im Funk nur müde lächelten? Von wegen Bedürfnisbefriedigung. Na, was er selbst mitkochte, war auch nicht gerade nervenzerfetzend. Außerdem ging es nicht um Bedürfnisse, sondern um ein vorzeigbares Produkt zur aktuellen Information mit gewohnt positiv-optimistischem Einschlag. Und das war allemal abwechslungsreicher, als die monatlichen Hurra-Bilanzen aller Bezirke. Lederjacke straffte sich. Also, wie gesagt: fundierte, effektvolle und sympathische Bilder. Information mit Identifikationsfiguren. Ach, liebe Frau Kunz, jetzt kommen Sie doch mal. Ich glaube, Sie sind an der Reihe. Es geht Sie schließlich auch an, also reden Sie Ihrem Mann gut zu. Doch, doch, der kann das! Und Sie können das auch, davon bin ich überzeugt. Sonst säße ich schon nicht mehr hier, das können Sie mir glauben. Und nun mal zum geplanten Ablauf. Das Technische lasse ich weg, das verwirrt nur. Um Punkt zehn Uhr ist der Wagen vor Ihrer Tür. Grauer Wolga, klitzekleines Firmenzeichen. Der bringt Sie beide zu uns.

Dann gehen wir etwas essen. Doch, das muss sein. Entkrampfungsphase sozusagen. Danach Arbeit am Text, Probe, Maske, dann scharfer Start. Sie müssen sich nicht beunruhigen, wir haben Erfahrungen. Wir machen das schließlich öfter. Am besten, Sie schlafen bis in die Puppen, da hat die Maske weniger Arbeit. Also, dann bis morgen!

Herr und Frau Kunz saßen noch eine halbe Stunde wie erschlagen in ihren jeweiligen Lieblingssesseln und verfolgten die elektronischen Bilder bei immer noch abgeschaltetem Ton. Frau Kunz fasste sich zuerst. Sie hatte spontan das Gelbe vorgeschlagen. Nun musste sie nachsehen, ob das Strickkleid überhaupt einsatzbereit war. Und nicht etwa, wie sie heimlich befürchtete, ein wenig eingelaufen über den Hüften. Horst hatte es gut. Dem passte der dunkelblaue Anzug immer noch wie angegossen. Nur das Hemd. Möglichst kein weißes, hatte Lederjacke gebeten. Es ist wegen der Grauwertskala. Als ob die Hemden bei Frau Kunz einen Grauschleier hätten. Aber es hatte sich herausgestellt, dass es etwas Lichttechnisches war mit dieser Skala und Frau Kunz hatte sich beruhigt. Ach was, dann bekam Horst sein Geburtstagsgeschenk eben auch dieses Jahr wieder ein bisschen früher. Ein taubenblaues Hemd hatte Frau Kunz in Reserve, ganz hinten im Wäscheschrank. Wenn er die weinrote Krawatte nahm, sah das bestimmt ordentlich aus. So ein Quatsch, dachte Frau Kunz, normalerweise wäre ich dort im Hosenanzug hingegangen und Horst womöglich gar in seinen geliebten Jeans. Eigentlich sollte sie sich freuen, ihren Gemahl wenigstens für Stunden wieder mal in Schlips und Kragen zu sehen. Aber die Freude hielt sich in Grenzen, wenn sie an die Maulerei beim Verkleiden dachte, wie Horst so etwas zu nennen pflegte.

Als Frau Kunz die sorgsam polierten Gläser in die Schrankwand zurückstellte, saß ihr Mann noch immer ziemlich abwesend auf seinem Platz.

Wie waren sie nur auf ihn gekommen? Wer oder was steckte dahinter?

Ja, er hatte einige Verdienste. Und die entsprechenden Triumpfbleche dazu. Er war jetzt seit zwanzig Jahren im Institut und hatte an einigen Erfolgen mitgebastelt. Nicht mal Ingenieur war er gewesen, als sie ihn seinerzeit delegierten. Direkt von der Baustelle. Praktiker in die Wissenschaft, oder wie die Losung damals hieß. Kein Wunder, dass der Durchreißer Kunz, dieser auf allen Taktstraßen bekannte (und verdächtige!) Jugendbrigadier, plötzlich einer der stillsten wurde. Da wandelte aber auch Autorität durch die modernisierten Korridore des altehrwürdigen Institutes! Hin und wieder erinnerte sich jemand an die Sturm- und Drangzeit von Horst Kunz. Hallo, was machst du denn hier? Hat dich die Wissenschaft aufgefordert, an ihren Brüsten zu saugen? Mensch, die schöne frische Luft auf der Baustelle mit diesem Mief hier zu tauschen, hält man das überhaupt aus? Ich wüsste etwas Besseres! Oder willst du in aller Stille promovieren, um ein zweiter Henselmann zu werden? Ach, noch nicht einmal ein Diplom? Na dann aber ran, junger Freund, Zeit ist Geld. Und davon kann man auch im Sozialismus nicht genug haben, nicht wahr!

Kunz studierte. Machte im Fernstudium seinen Ingenieur. Vier Jahre mühseliges Zusammensuchen und Zusammendenken von Zahlen, Formeln und Begriffen. Vier Jahre lang Cremonapläne und Caissons. Vier Jahre lang Gefrozzel und mitleidiges Lächeln. Du wolltest es so, nun sieh mal zu!

Kunz ertrug es. Ertrug die gereizten Blicke seiner Frau, wenn er sich abends mit seinem Zeichenzeug im Wohnzimmer ausbreitete. Ertrug die flüchtige

Aufmerksamkeit, mit der sein Abteilungsleiter die Plackerei honorierte. Fertig? Na endlich, wir brauchen deine volle Arbeitskraft. Allerherzlichen! War bestimmt noch nicht alles.

Und tatsächlich, zwei Jahre später ging es erneut um ein Studium. Entweder weiter qualifizieren oder auf die Baustelle zurück.

Sofort wieder auf den Bau, sagte Kunz. Sofort!

Dies jedoch erwies sich als schwierig. Den Kunz, einen Mann mit praktischer Erfahrung wie kein Zweiter, den wollt ihr aus der Abteilung lassen? Der bleibt! Macht, was ihr wollt, aber überredet ihn. Was heißt hier, er will nicht länger über den Büchern hocken, andere verbringen ihr ganzes Leben auf der Schulbank. Ihr müsst ihm natürlich was abnehmen. Die Gewerkschaftsarbeit zum Beispiel.

Kunz wurde delegiert. Wieder Fernstudium. Diesmal Ökonomie. Sechs Jahre. Matrizen und gerichtete Graphen. Schlechte Noten in Volkswirtschaftslehre. Dafür keine Probleme mit der Statik. Kunz packte es. Lächelte pflichtschuldig über den vom Philo-Dozenten entwickelten vierten Grundzug der Dialektik (" alles an sich herankommen lassen und den Zusammenbruch gelassen beobachten "), widersprach trotz praktischer Erfahrungen nur im Notfall und schloss auch dieses Studium eines Tages ab. Es gab sogar ein Fest im kleinen Kreis. Sehr gediegen, Rehbraten in Wacholdersoße. Roastbeefröllchen mit Meerrettich. Sowjetischer Sekt. Der Abteilungsleiter klopfte Horst Kunz auf die Schulter. Wenn ich dich nicht gedrängt hätte, mein Lieber!

Kunz stürzte sich in die liegengebliebene Kleinarbeit, erkämpfte sich eine nicht mehr wegzudenkende Position im Institut und festigte sie still, zäh und gründlich. Auf diese Weise gehörte er bald zu den „orden-lichen" Stützen des Hauses, wie Professor Hauck in einem seiner angeblich selbstgemachten und natürlich vielbelachten Bonmots behauptete.

So gingen die Jahre ins Land.

Sie brachten es mit sich, dass Kunz nicht sehr häufig über sich nachdachte. Eines Tages hatte er entdeckt, dass alles, was in seinem Leben von Bedeutung war, sich auch ohne sein Zutun ergeben hatte. Es hatte sich gefügt, ohne dass Kunz äußerste Entschlußkraft abgenötigt worden wäre. Immer war jemand dagewesen, der ihn auf den Weg schob. Ja, so war es, da biss die Maus eigentlich keinen Faden ab. Kunz war einleuchtenden Vorschlägen gefolgt. Na gut, nicht immer; aber ein Pionier, ein Wegbereiter, ein Rebell, das war er nicht. Keine Identifikationsfigur, wie das jetzt wohl hieß. Ausdrücke hatte dieser Lederjackenmensch!

Horst Kunz erhob sich, reckte sich, schaltete die Röhre ab, trug sein leeres Glas in die Küche und ging zu Bett.

Wir haben uns alle mehr oder weniger daran gewöhnt, an die Hand genommen zu werden, das ist es.

Was ist es? fragte Frau Kunz und sah ihren Mann über die Brillengläser hinweg forschend an.

Ach, nichts weiter, sagte Horst Kunz.

Du regst mich auf mit deinem "ach-nichts-weiter", ich merke doch, was mit dir los ist. Die ganze Geschichte passt dir nicht.

Das stimmt!

Und warum nicht?

Weil es andere gibt, die sich gerne präsentieren lassen, die solchen Zirkus geradezu lieben.Weil ich auch mal erwachsen werden möchte. Weil Fürsorge und Vordenken Grenzen haben. Weil ich kein scheinheiliger Taschenspieler bin. Weil kein Mensch den Quatsch mit dem zufälligen Jubiläumsbesucher glauben wird.

Aber das sagte Horst Kunz nicht. Er sagte: Schlaf man schön! und drehte sich auf seine Einschlafseite. Bald darauf legte Frau Kunz Brille und Buch auf den Nachttisch, seufzte verhalten und kummervoll, schaltete das Lämpchen aus und zog das Deckbett fest um die Schultern.

Plötzlich schnellte sie so heftig herum, dass Kunz erschrak.

Was ist denn nun los?!

Die Kinder!! Die wissen ja gar nichts. Wir hätten sie anrufen sollen. Wer weiß, ob wir sie morgen erreichen. Von allein verfallen sie bestimmt nicht darauf, die "Aktuelle" im Fernsehen zu verfolgen. Ob das im Vormittagsprogramm wiederholt wird? Ich bin gespannt, wie das Gelbe in Farbe wirkt.

Du sprichst schon wie Lederjacke, murmelte Kunz.

Während am nächsten Vormittag gegen elf ein grauer Wolga mit einem klitzekleinen Firmenzeichen vor einem Restaurant der höchsten Preisklasse im neuen, repräsentativen Stadtzentrum parkte, während Lederjacke beim Parfait der Frau Kunz zum dritten Mal glaubhaft versicherte, dass das Gelb ganz vorzüglich mit ihrem Teint kontrastieren würde, während die Kameraleute die beste Einstellung und das optimale Licht für die Eingangspforte der als außerordentlich bedeutsam gerühmten Bauausstellung ausmaßen, während der Regieassistent, zapplig und heiser vor Aufregung, noch einmal selbst durch die schon oft abgelichtete Pforte schritt und doublierend die zehn Sätze aufsagte, während der Leiter der Ausstellung, dank seiner Funktion im Ministerium unter der Woche von seinem strebsamen Stellvertreter ersetzt, noch einmal den Begrüßungstext durchging, während die Sekretärin das Vorhandensein von Urkunde und Blumen auf ihrer Liste abhakte, während also alles bereit war für einen weihevollen, die weltweite Benachrichtigung rechtfertigenden Augenblick im Leben "unserer Republik", schritt Kunz, das ungewohnte Sakko über der linken Schulter, den Schlips locker unter dem geöffneten oberen Hemdknopf, die rechte Hand in der altmodisch bequemen Hosentasche, durch die neugeschaffenen Grünanlagen gegenüber dem hochkarätigen Restaurant, nickte den beiden Männern in Blankstahl auf dem erhabenen Postament zu, unterquerte wenig später die belebte Magistrale durch den Fußgängertunnel und wunderte sich über den immer gleichen Geruch der Spree. Kein Vergleich mit dem vornehmen Odeur des Etablissements, das er gerade unauffällig verlassen hatte.

Schade eigentlich, wer weiß, wann man da mal wieder Plätze bekommen würde. Ein schöner Tag! Gewiss, Helga würde das anders sehen. Hatte sie die Kinder noch erreicht? Ein bisschen leid tat sie ihm schon. Sie hatte sich so auf den Auftritt vor der Kamera gefreut. Sogar die zehn Sätze beherrschte sie. Meister Lederjacke hatte sie vorhin lachend als Souffleuse engagiert. Vielleicht würde er nun, wo sein Hauptdarsteller verschwunden war, Helga vor die Kamera schicken?

Der Ökonom Kunz grinste.

Möglich ist alles.

Wahrscheinlich immer noch billiger, als auf die Schnelle einen neuen Jubiläumsgast für die Ausstellung zu finden.

1987

Hundewetter

Dass ihnen das immer so kurz vor den Feiertagen einfiel!
Und dann dieses Hundewetter. Oberst Schmidt fuhr von
der schon traditionell kurzfristig anberaumten
Dienstbesprechung beim Stab sehr verdrossen heimwärts.
Für manche Leute im höheren Dienst schienen Geld und
Zeit keine Rolle zu spielen. Die gingen nach vollbrachtem
Schreibtischwerk um die Ecke nach Hause und stellten die
Füße in die angewärmten Pantoffeln. Halbschuhsoldaten!!
Ob die mit einer Silbe ahnten, welche Auswirkungen ihre
feinen Ideen hatten? Reine Selbstbefriedigung. Wenn es
etwas wirklich Wichtiges gewesen wäre. Aber Schmidt
wäre sicherlich selbst darauf verfallen, die Kommandeure
aller Stufen noch einmal eindringlich auf die Gefahren im
Umgang mit Kerzenlicht, überlagerten Feinkostkonserven
und getarntem Alkohol hinzuweisen. Schließlich war in
jedem seiner zahlreichen Dienstjahre ein Weihnachtsfest
vorgekommen. Im übrigen stand Schmidt durchaus im Ruf
eines Vorschriftenkenners. Er ärgerte sich also schon im
Voraus über die mitleidigen Gesichter seiner Unterstellten,
wenn er sie nun weisungsgemäß mit der Fürsorge des
Stabes behelligen musste.
Oberst Schmidt rückte den fülligen Oberkörper zur Seite,
zog den automatisch festsitzenden Sicherheitsgurt ein paar
Zentimeter nach vorn, drehte sich ein wenig um die eigene
Achse und schob die Stiefel unter den Warmluftschacht
des Dienstwagens. Eigentlich hätte er als Kommandeur
hinten im Fond sitzen müssen, aber da gab es erstens keine
Warmluft und zweitens keine Rollgurte. Drittens sah man
nichts von der Beschaffenheit der Fahrbahn. Gerade
drittens aber war eine sehr wichtige Regelgröße für den
Einfluß auf die Fahrgeschwindigkeit. Dazu war der Oberst
als Fahrzeugverantwortlicher nach der einschlägigen

Vorschrift verpflichtet. Und bei dem typisch vorweihnachtlichen Matsch- und Graupelwetter waren vier wachsame Augen allemal besser als zwei.

Als Fahrer und Beifahrer fast gleichzeitig die menschliche Gestalt am Straßenrand wahrnahmen, bedurfte es also nur einer kurzen Weisung Schmidt's, um die vorhandene Bremsbereitschaft auszulösen. Sicherlich war es nicht nur einer gewissen Trotzhaltung gegenüber dem vorgesetzten Stab anzulasten, dass Schmidt die bestehenden Vorschriften kurzzeitig ignorierte. Immerhin war es kurz vor dem Fest der Liebe und Freundlichkeit. Und der Anblick war erbarmungswürdig. Am Rande der Chaussee stemmte sich eine in Loden gekleidete Großmutter gegen den Schneeregenwind. Es schien, als bewahrten sie nur die schweren Einkaufsbeutel vor dem Abheben zum Gleitflug. Der "Wartburg" hielt auf dem Randstreifen der Fernstraße. Schmidt beugte sich aus dem geöffneten Wagenfenster.

Na, Mütterchen, bei dem Wetter noch unterwegs? Da jagt man doch keinen Hund auf die Straße! Kann ich Sie ein Stück mitnehmen?

Die alte Dame war unterdes am Fahrzeug angelangt und zögerte.

Ja, ich weiß nicht recht ...geht das denn ...ich bin ganz schön bepackt ...und denn die ollen Galoschen, die sind ja voller Modder ...

Ach was, sagte Schmidt sehr jovial, kommen Sie, steigen Sie man ruhig ein.

Er nickte seinem Fahrer beruhigend zu und öffnete die Fondtür von innen. Schmidt erschrak nicht wenig, als plötzlich ein kleiner, buntscheckiger und quatschnasser Dorfköter blitzschnell ins Auto sprang. Dieses kleine Biest hatt er total übersehen. Na, nun war es zu spät für einen Sinneswandel. Der Vierbeiner hatte schon hinter dem Fahrer Posten bezogen, als sich das Mütterchen noch anschickte, sich selbst und ihre sieben Sachen im Wagen zu verstauen.

Weiter! kommandierte Schmidt betont aufgeräumt und kregel. Dann knüpfte er mit dem Mütterchen ein Gespräch über Land und Landleute an.

Unterdes hatte der Hund seine Vorderpfoten auf die Lehne des Fahrersitzes gestellt, um seinerseits die Beobachtung der Fahrbahn zu unterstützen. Ein sehr versierter Beifahrer! Der Fahrzeuglenker indes schien kein Freund schmutziger, kleiner Hunde zu sein. Er drehte fortwährend den Kopf zur Seite, um die Umtriebe, die sich auf der Sitzlehne anbahnten, im Augenwinkel zu behalten.

Der Hund schien das falsch zu verstehen. Er begann mit Hingabe den Haaransatz, die Wintermütze und schließlich auch noch die Ohren des Chauffeurs mit Nase und Zunge zu prüfen. Als die Ohren dran waren, zuckte der Wagenlenker so heftig zusammen, dass Oberst Schmidt nun doch eingedenk seiner Verantwortung Handlungsbedarf sah. Er wendete sich an das recht einsilbige Mütterchen und bat sie in sanftem Tonfall, ihr Hundchen zu normgerechterem Verhalten zu bewegen. Vielleicht können Sie Ihren Waldi ein bisschen festhalten? schlug er vor.

Nee, nee, ich denk' nich dran! sagte die Alte sehr entschieden. In meinem ganzen Leben hab' ich noch kein' fremden Hund nich' angefasst. Obwohl der mir schon drei Kilometer nachläuft, ohne rabiat zu werden, anfassen werd' ich ihn nicht!

Es war, wie schon mehrfach erwähnt, vor den Feiertagen. In einigen Vorgärten sah man Lichter auf den Tannenbäumen. Es wird also Niemanden verwundern, dass der Oberst Schmidt seinen dankbaren Fahrgast bis vor die Haustür im nächsten Dorf mitnahm.

Ohne Hund.

Dem hatte er vorher den Rückmarsch befohlen.

Wie der Oberst es bewerkstelligt hat, den nassen
Buntscheckigen von der Notwendigkeit des Aussteigens
zu überzeugen, fällt leider unter die Bestimmungen
dienstlicher Verschwiegenheit.

1986

Der Tangokönig

Leute gibt es, denen müssen sie den Pechvogel als
Monogramm schon in die Windeln gestickt haben.
Unserem Freund Kantnak zum Beispiel.
Ein ganz und gar durchschnittlicher Typ. Keine
besonderen Kennzeichen. Na gut, ein bisschen älter, als
seine anderen Kommilitonen im ersten Studienjahr.
Vielleicht ein Spätentwickler. Aber das hatte nichts zu
sagen und es störte auch keinen von uns. Dass er ein paar
Schwierigkeiten hatte zu Anfang, war ebenfalls nicht
problematisch. Schießlich sollte er Bürgermeister werden
und nicht etwa Nobelpreisträger für Mathe oder Physik.
Wenn uns etwas aufstieß an unserem Freund, dann seine
geradezu penetrante Ordnungsliebe. Sein bisweilen schon
nörglerisches Anmahnen von Ruhe und Ordnung. Der
hatte es fertigbekommen, die weiße Kreide im Hörsaal auf
Kante zu legen und die bunte nach Spektralfarben zu
ordnen. Im Internat hatte er abends um zehn auf einer
Trillerpfeife Nachtruhe geboten und die Leute morgens
mit dem Ruf "Reise,Reise" geweckt. Da war alles klar.
Stammte noch aus seiner Zeit bei der Volksmarine, der
Flitz.
Sonst war er normal.
Mit dem schönen Bruder Alkohol stand er auf gutem Fuß.
Einen gehaltvollen Tropfen verachtete er nicht. Für Musik
hatte er auch etwas übrig. Mehrstimmigen Männerchor
zum Beispiel mochte er sehr. Moderne Musik lag ihm
nicht so. Weil er sie nicht vertanzen konnte, wie er das
nannte. Ein leidenschaftlicher Jünger Terpsichores.
Eigentlich tanzte er nur Walzer oder Tango. Damit
irritierte er allerdings auch die gutwilligsten Mädchen auf
den Tanzböden, die in unserer Mark-Lage erreichbar

waren. Und welche Diskothek spielte denn noch einen Tango? So etwas gab es nur in der ultraschicken Rhinozeros-Bar, im ersten Haus am Platze. Live! Drei Mann hoch. Elektrisches Klavier, Geige und Bass. Aber da ging niemand von uns hin. Nicht mal am Stipendientag. Viel zu teuer. Außerdem fühlten wir uns im Mensakeller einfach wohler. Passte irgendwie besser zu uns und zu unseren Klamotten. Kantnak liebte die Jeansuniform nicht. Dafür trug er solche saustarken Wahnsinnshosen und Jacken aus den frühen Sechzigern. Richtig mit Schlag und Krempe am Hosenbein. Riesenrevers am Jakett. Und Hosenträger. Hosenträger!! Nicht als Gag, sondern richtige, funktionstüchtige Haltestrippen mit Anti-Erotik-Effekt, wellig und ausgefranst im Verstellbereich.

Wir hatten uns schnell an Kantnaks Klamottenspleen gewöhnt. War halt ordnungsliebend und sparsam, der Junge. Und kam uns - sowas spielt auch eine Rolle - bei den einheimischen jungen Damen wie bei unseren Studienkolleginnen nie in die Quere. Solche haben bald den Ruf eines Kumpels. Niemand von uns hätte im Traum daran gedacht, dass gerade die Ordnungsliebe für den armen Kerl beinahe zu einer vorläufigen Straßensperre auf dem Weg zum Bürgermeisteramt werden könnte.

Das mit der Sparsamkeit ist schnell erklärt. Wenn wir am Wochenende nach Hause fuhren, um Mutters Speisekammer und Vaters Portemonnaie zu visitieren, blieb Kantnak im Internat zurück. Schob freiwillig einen schlecht bezahlten Dienst an der stets belagerten Pforte des Internates. Eine Zulage zum Stip, wie er uns erklärte. Wir hatten keine Zweifel. Kantnak war nicht der Typ des Fensterstechers. Obwohl die Mädchenflure an den Wochenenden starke Nerven erforderten. Ob es nun an dem in Frage stehenden Wochenende nichts zu bewachen gab, oder ob er, der Dienstgeschäfte müde, maßvoll der Lustbarkeit frönen wollte, müsste Kantnak selbst erklären.

Fest steht, dass er am späten Samstagabend im "Rhinozeros" auftauchte. In seinem kombinierten Studien-Wach- und Ausgehanzug. Mitsamt den ungeheueren Hosenträgern. Bei einem eindrucksvollen Tangoschritt, ausgeführt mit der dienstältesten Stammbesucherin des Etablissements, kamen die wohl ein wenig zum Vorschein.

Und damit fing alles an.

Mit diesen Dingern müssen sie ihn aufgezogen haben. War bestimmt ziemlich haarig, der Spott, sonst wäre Kantnak nicht aus dem Gleichgewicht geraten. Er muss also schon ein wenig verstimmt gewesen sein, als ihn die Jungens, die ihn spontan zum Tangokönig befördert hatten, später durch lautstarken Dialog abermals störten. Also hat er erst mal agitiert. Damit hat er sie aber nicht aus dem Tritt gebracht, die feucht-fröhlichen Burschen, alle so um die fünfundzwanzig. Sie fingen sogar einen Rundgesang an. Unserem Kantnak missfiel das Repertoire. Und als wenig später ein Bierglas zur Demonstration der Fallgesetze herhalten musste, war das Maß voll. Sein Ordnungssinn trat hervor.

Er bat also den Wirt um das unter dem Tresen installierte Telefon. Aber der Buffetier kannte die Gäste. In jeder Verkleidung erkannte er sie. Also auch in Zivil. Unseren Kantnak kannte er nicht. Konnte doch nicht jeder kommen und ein Gespräch mit der Polizei anmelden, nur weil er empfindliche Ohren besaß.

Kantnak war nicht jeder! Kantnak war unter anderem in seinem mecklenburgischen Heimatflecken, und das wird niemanden verwundern, den dortigen Ordnungshütern ein freiwilliger Helfer gewesen. Und als solcher bedingt starrsinnig, wenn er sich auf den Plan gerufen fühlte. Das war hier der Fall. Er zeigte Konsequenz und verließ die ungastlich gewordene Stätte. Nicht ohne ein Nachspiel zu prophezeien. Klopfte dreihundert Meter weiter einen

Werkschutzmenschen aus seiner Kabause und wählte eins-eins-null. Die Gerufenen kamen, zügig aber nicht überhastet, zu zweit.

Und nahmen den vom Wirt bezeichneten Oberaufrührer mit.

Unseren Kantnak.

Der hatte in seinem Eifer zuvor völlig überhört, was ihm der Kneipier auseinanderposamentieren wollte.

So, wie wir unseren Freund kennen, wäre der von seinem Vorhaben auch dann keinen Deut abgewichen, wenn er begriffen hätte, dass er ausgerechnet zukünftigen abschnittsbevollmächtigten Polizisten in Zivil das Bergfest vermiesen wollte.

1985

Die Macht des Gesanges

Spannermann wirkte locker und aufgeräumt, als er dem
abfahrenden Kleinbus nachwinkte. Er verschränkte die
Finger, ließ die Gelenke knacken und unterdrückte nur mit
großer Mühe einen frenetischen Jubelschrei. Eine ganze
Woche allein in dieser maifrischen Gegend! Vorgeblich,
um den Betriebsbungalow, das sogenannte kleine
Naherholungsobjekt, für die Saison vorzubereiten.
Spannermann war eigentlich mehr ein Planer, als ein
Macher. Aber die Berichte der Vorgänger in dieser
alljährlichen, gewerkschaftlichen Mission hatten gar zu
verlockend geklungen. Fast ein Zusatzurlaub! Also hatte
er sich in diesem Jahr rechtzeitig gemeldet. Von wegen
zwei linke Hände. Euch werde ich es zeigen. Allen!
Am nächsten Morgen zeigte er sich erst einmal selbst.
Zugegeben, ein bisschen zerknittert und steifhüftig. Daran
war der geschäftstüchtige Wirt aus dem "Frivolen Lamm"
schuld. Gemeinsam hatten sie Spannermanns Mission
eingeläutet. Mit dem Besten aus Küche und Keller. Das
war ziemlich strapaziös geworden, weil die Küche eher
schloss, als der Keller. Und weil infolgedessen
Spannermann erstens den Bungalow nur unter großen
Mühen wiederfand und zweitens auf dem nur halb
aufgeklappten Liegesofa nächtigen musste. Weiß der
Kuckuck, warum der Schnappedillrich dieser blöden
Couch sich nachts partout nicht entriegeln ließ, am
Morgen ging es nämlich ganz leicht.
Nun, nach wenigen Metern in der freien Natur hatte sich
der Hüftschmerz gegeben und die bohrenden
Kopfschmerzen legten sich nach einem tiefen Blick in die
Blauaugen der fröhlichen Bäckersfrau ebenfalls. Na also,
wenn das kein Auftakt nach Maß war! Spannermann
schwenkte verwegen den Schrippenbeutel, aus dem ein

verlockender Duft stieg, machte einen von der überschüssigen Magensäure diktierten Bogen um den Milchladen, nahm sich vor, die Hausapotheke mit Simagel aufzufüllen und erstand danach in dem privaten Fleischerladen ein knappes Pfund Aufschnitt. Das sollte für ein opulentes Frühstück reichen. Ha, einmal nicht Mutterns optimierte Büchsenmortadella aus dem Diätregal mampfen und dazu dieses neumodische Kaloriengejoule über sich ergehen lassen müssen! Der Tag konnte herrlich werden. Alle Welt schien sich mit Spannermann zu freuen. Ringsum lauter freundliche und liebe Mitmenschen! Spanne, wie ihn seine Kollegen seit Jahr und Tag nannten, reckte und streckte die mehr fleischigen denn muskulösen Schultern unter dem neuen Hemd im Safari-Piloten-Look und erwiderte den hier noch üblichen Gruß der schulpflichtigen Jugend. Spanne verfügte über eine nicht nur für diesen Zweck sehr nützliche, sonore Stimmlage, die ihm im vorigen Urlaub die uneingeschränkte Bewunderung einer Operettensoubrette im Ruhestand eingetragen hatte. Weiß der Teufel, warum die Weiber so auf ihn flogen! Fast alle. Außer dem eigenen. Aber der Prophet galt ja nie etwas im eigenen Land. Eingedenk alter Erfolge würde Spannermann, angeregt durch die Berichte der Vorgänger, wenigstens den Versuch wagen, etwas zu unternehmen. Es war ihm nicht entgangen, dass es hierorts eine erkleckliche Anzahl reizender Geschöpfe in diesem gewissen Alter und hoffentlich auch Gemütszustand gab; die das Frühjahr zu einer besonderen Jahreszeit machen können. Spannermann dachte nicht vordergründig an den so unbefriedigenden Belegungszustand des Bungalows. Aber er vergaß ihn auch nicht. Schon von daher wäre es glatt eine Sünde, die Gelegenheit verstreichen zu lassen. Er jedenfalls fühlte sich gut.
Vorsorglich kaufte er eine Flasche Wein, schwankte sekundenlang bei der Sortenwahl, entschied sich dann aber

doch für den teuren italienischen, weil das Etikett entschieden mehr hermachte. Notfalls konnte man nach erprobtem Rezept ein Tröpfchen klaren Korn untermischen, um die Wirkung zu erhöhen. Dann ließ er die potentiellen Opfer Revue passieren.

Da waren die drei Damen auf dem Nachbargrundstück, die die Vorsaison zum Rundum-Sonnenbad nutzten. Aus Karl-Marx-Stadt. Man hörte es, wenn sie unter sich waren. Aber Spannermann war ja nicht auf Konversation aus. Und wirklich in Frage kam eigentlich nur die in jeder Hinsicht hervorragende Blondine. Oder vielleicht die junge Dame, die ihn heute morgen beinahe mit dem Fahrrad überrollt und sich dann so reizend besorgt bei ihm entschuldigt hatte? Bisschen frisch noch, aber man hörte ja im Kollegenkreis immer öfter, dass es so neckische junge Dinger gab, die Männern im reiferen Alter den Vorzug gaben. Oder sollte er vielleicht gar der guten, alten Lieselotte ein Telegramm schicken? So und so, was hältst du davon? Das war zwar schon eine Weile her, aber geliebt hatte sie ihn, sehr sogar. Ach, besser nicht den Esel spielen, der gewachsenes Gras abfrisst.

Spannermann entschied sich für den Zufall. Und der schlug auch sofort zu. Er ließ Spanne in das ebenerdige, offene Fenster eines mehrstöckigen Gebäudes schielen. Ja, was war denn das? Eine Schulklasse sang aus voller Kehle das Lied vom kommenden und tätig werdenden Mai. Und die Lehrerin, eine verblüffende Synthese aus Renate Blume und Nathalie Wood, dirigierte den Chorus mit Grazie und Leidenschaft. Dass es soetwas Knackfrisches noch gab! Teufel, Teufel, diese Augenaufschläge, als der Zaungast entdeckt ward. Eine andere hätte wahrscheinlich schnippisch den Fensterflügel zugeworfen. Diese hier forderte durch ganz, ganz eindeutiges Kopfneigen sogar zum Mitsingen auf. Das ging ja durch und durch! Heiliger Strohsack, wie war nur gleich der Text? Spanne gab sich

Mühe. Die nicht mehr geläufigen Strophen unterlegte er vokalistisch in der Schusterterz. Dann verabschiedete er sich außerordentlich beschwingt mit einem fröhlich und anmutig erwiderten Winken.

Beim Frühstück war Spannermann sehr zerstreut. Er versuchte, den Rhythmus von Schulstunden aus dem Gedächtnis zu rekapitulieren und ärgerte sich erstmals darüber, dass er seinerzeit seine Frau zum Mitmachen im Elternaktiv beschwatzt hatte.

Das Mittagessen fiel aus. Spanne hatte sich zu einem ganz unverhofften Zusammentreffen nach Schulschluss entschlossen. Für sein Organisationstalent dürfte das keine Hürde werden. Sind Sie nicht die reizende Sängerin von heute vormittag, pipapo, raspelraspelraspel ...Ihm würde schon etwas einfallen. Und wenn er seinen Charme für Wochen im Voraus verbrauchen müsste!

Es lief, wie ein Länderspiel laufen sollte. Innerhalb von fünf Minuten hatte der Altmeister die Verabredung im Kasten. Wie in alten Zeiten! Das Frauenzimmer hatte aber auch eine Art! Kinder, Kinder, kein bisschen zickig oder prüde, die Dame. Spannermann schwebte. Wo und wann er denn die Kollegin erwarten dürfe? Wenn es nicht zu aufdringlich erschiene ... aber wir sind ja erwachsen ... im Prinzip jedenfalls ...Sie kennen doch sicherlich den hübschen Platz am See ...den Bungalow der Kombinatskombination ...ganz recht, links der Straße ... ein herrliches Fleckchen Erde, fürwahr, fürwahr ... wie geschaffen für die uralte Frage wer-wen ...

Spanne hatte ihr perlendes Lachen noch im Ohr, als die fünfte Nachmittagsstunde heranrückte. Natürlich hatte er Verständnis für den Zeitpunkt gehabt, morgen war schließlich nicht schulfrei. Die Damen vom Nachbargrundstück hatte er zu einem Ausflug in die naturgeschützten Lehmkuhlen überredet, woselbst sich Spannermann vor Jahren im Urlaub den Fuß verstaucht und die neue Rundstrickhose zerissen hatte. Die waren vor Mitternacht nicht zurück, wenn überhaupt. Und konnten also anderntags keine dämlichen Fragen stellen. Man weiß ja, wozu Frauen in ihrer Eifersucht fähig sind.

Alles war gut. Spanne freute sich wie ein Kind. Freute sich so intensiv, dass er den wohlgemuten Chor vom Vormittag wieder im Ohr hatte. Nur sang man jetzt etwas vom fröhlichen Jagen. Wohlan, das war ein Thema nach dem Herzen Spannermanns!

Als er den Irrtum erkannte, war es zu spät. An der Spitze ihrer Klasse marschierte die Traumfrau, dieses Vollblutweib mit den Glutaugen, über den schon mühevoll gestutzten Zierrasen und veranlasste die lieben Kleinen, dem freundlichen Gastgeber für die Einladung zu einemImbiss als stimmungsvollem Abschluss des Ausfluges zu danken. Und alle: drei, vier: Danke, Herr ...wie war doch gleich der Name?

Als Spanne am nächsten Montag im inneren Kreis entnervt von seinem Abenteuer berichtete, sahen ihn die lieben Kollegen lange schweigend an.

Spanne, sagte endlich der Meister und räusperte sich, Spanne, du lügst!

Spannermann verdrehte empört die Augen. Wie kommst du denn auf das schiefe Brett, Meister?

Ganz einfach.

Ich frage dich, wo gibt es heute noch eine Schulklasse, die auf dem Ausflug singt?

1980

Abfahrt Beelitz

In der Regel spielt es sich so ab.

Meine liebe Familie hat das Auto bestiegen, drei leichte Picknick-Koffer nebst einem zusätzlichen Obstkorb verstaut und sitzt erwartungsvoll in den Gurten. Die zwanglose Wochenendspritztour ins Blaue kann beginnen, sorgfältig geplant wie immer.

Und prompt steht am nächsten Ortsausgang eine der in vielerlei Hinsichten reizvollen Anhalterinnen. Auch wie immer! Natürlich beherrsche ich das nervöse Zucken im Bremsfuß. Mein Blick geht frei geradeaus. Aber ich kann sie sehen. Alles kann ich sehen! Enge Hosen, kurze Röcke, lässige oder bittende Gebärden, Schmollmündchen, Klimperaugen, alles zu sehen. Natürlich auch der wissende, geradezu boshafte Seitenblick meiner Frau, der mich fast körperlich trifft. Es ist zum Scheibeneinschmeißen! Warum winkt denn keine zarte Hand, kein verführerischer Hüftschwung, wenn ich solo durch die Gegend karre? Man könnte abergläubisch werden!

Höchste Zeit also für einen rettenden Lichtblick.

Und wenn es am Freitag, dem Dreizehnten sein müsste! Und tatsächlich.

Am letzten Freitag will es der Zufall, dass ich allein mit dem Schlorren unterwegs bin. Die Karosse hochglanz-handpoliert und trotzdem kein Regen!

Gleitwetter.

Vor mir auf der Autobahn zwei ausgesprochen müde Zeitgenossen im Schneckentempo. Nach dem zügigen Überholen erweist sich, dass ihr Elan durch die Heckpartie eines zweifarbigen Firmenautos gehemmt wird. Verflixt, abbremsen in dieser Situation würde nur verdächtig machen. Außerdem ist es zu spät dazu. Also mit harmlos freundlichem Gesicht vorbei.

Die Polizisten von der Autobahnstreife sehen mich gar nicht. Die haben im Auge, was auch ich jetzt entdecke: auf der Abfahrt Beelitz steht sie. SIE!! Eigentlich habe ich etwas gegen diese Jeans-Uniform, aber wenn sie so optisch wirksam, so geradezu plastisch vorgeführt wird ... Das Mädchen winkt nicht. Die Weißen Mäuse hätten vermutlich auch etwas dagegen. Aber sie ist hilfsbedürftig, wartet sichtbar. Fünfzehn Meter und dieser blöde Streifenwagen trennen mich von meinem alten Traum. Man male sich das aus!

Heranfahren, den Wagen ohne hektisches Reifenkreischen millimetergenau neben ihr zum Stehen bringen, die Tür mit lässiger Geste öffnen, die behandschuhte Rechte mit einladender Gebärde zum Beifahrersitz. Bitte sehr, wo wollen Sie denn hin? Kenne ich gar nicht, obwohl ich eigentlich viel herumkomme. Ach, in der Gegend von Dessau? Aber ja, bitte sehr.

Nun, eigentlich habe ich dort nichts verloren, ein Umweg ist es auf jeden Fall. Die innere Stimme hebt denn auch sofort warnend den Zeigefinger. Vorsicht, Freundchen, wenn nun ... es kann schließlich immer etwas passieren ...da gibt es doch die seltsamsten Zufälle!

Ach was, warum soll das gerade heute, warum ausgerechnet mir passieren. Das sind doch höchstens, warte mal, klar, runde sechzig Kilometer. Hin und zurück hundertzwanzig. Zwei Stunden, eine oder zwei dazu, macht vier. Dafür wird sich schon eine Erklärung finden lassen.

Ab geht die Post!

Die Beschleunigung wird ausgenutzt, die Gänge werden durch das lässige Herüberwischen der Schalthand genau im richtigen Augenblick eingerastet. Eigentlich könnte sie meine Fahrweise ruhig ein bisschen zur Kenntnis nehmen.

Tut sie auch. Nach einem Blick auf die Tachonadel nickt sie anerkennend. Das ist doch schon was!

Musik? frage ich so verhalten, wie ich es aus den einschlägigen elektronischen Genrebildern kenne. Dann rollt der Film, angefangen beim träge-genüsslichen Langmachen des Mädchens in den bequemen Liegesitzen bis zum provokanten Knie, das wenig später von nerviger Männerhand umfasst wird ...Sie haben ja sicherlich Fernsehen.

Aber es könnte natürlich auch ganz anders sein. Vielleicht hat die junge Frau einen dieser neuen, anspruchsvollen Berufe? Datendoktor oder Kosmos-Kosmetikerin zum Beispiel.

Was dann?

Dann natürlich keine Beschleunigung, kein Blick zum Tachometer. Solides Grundwissen und ein ernsthaftes Gespräch sind angezeigt. Ein fesselndes Thema muß her, eines, das meine hervorragende Allgemeinbildung widerspiegelt. Klassische Musik aus den Stereolautsprechern, der Vorspann zu einer Reisereportage. Heureka, der Aufhänger ist gefunden! Prag, Budapest, Moskau, Leningrad, damit können wir dienen. Die Ermitage oder doch die Tretjakowski-Galerie? Zur Fortführung des geistreichen Dialogs bietet sich das zufällig am Wegesrand liegende Etablissement an, das ein geschäftstüchtiger Wirt aus einem ehemaligen Stall zu einer Weinstube aufgemutzt hat. Später noch ein Mokka in der Diele des komfortablen Einfamilienhauses, das sie nach der Scheidung allein bewohnt ...

Oder eine Variante der ersten Idee? Vielleicht so ein lasziver Reißzahn, eine Wilde, der beim Zugehen der Autotür halbautomatisch sämtliche Reißverschlüsse und Druckknöpfe aufgehen; eine, die man nur mit äußerster Mühe bis zum nächsten, schwarzabbiegenden Waldweg in der ohnehin spärlichen Wäsche hält ...

Der irre Schauer durchfährt mich just in dem Augenblick, wo die Anzeigetafel für die nächste Abfahrt auftaucht. Der zögernde rechte Fuß bekommt ein energisches Signal aus einem kaum vermuteten Bereich des Großhirns. Mit kühnem Schwung biege ich ab, fädele mich auf der Gegenfahrbahn in den Verkehrsstrom ein.

Was für ein Tag!

Die Hände werden feucht, trotz der Ziegenlederhandschuhe. Die Tachonadel erreicht einen unerlaubten Bereich. Hoffentlich ist die Kleine noch da! Immerhin sind bestimmt acht oder zehn Minuten vergangen. Und bei meinem sprichwörtlichen Pech ...

Die Abfahrt Beelitz.

Blinker, rüber über die Brücke.

Natürlich ist die Dame von der Bildfläche verschwunden.

Missmutig biege ich zur Fahrbahn ein.

Da! Da! Da steht sie!!

Besser gesagt, sie hockt. Hurra, keine weiße Maus, kein Straßenpirat, niemand hat sie mir weggeschnappt. Ich komme zurecht. Hoffentlich komme ich zurecht. Wie immer, wenn es ernst wird, fühle ich meine Achselhöhlen feucht werden. Koivo-Deo, stehe durch! Millimetergenau halte ich neben ihr. Sie hockt noch immer. Neben dem luftleeren Hinterrad eines mausgrauen, steinalten "Trabant 500". Ein großes, weißes "A" ziert die Heckscheibe. Das braunäugige, schlanke Geschöpf mag so knapp über oder unter zwanzig sein, wer will sich da festlegen.

Ich steige aus, gehe federnd - wie ich meine wirkungsvoll -. um die sinalrote Motorhaube meines Fahrzeuges herum, streife weltmännisch den Handschuh von der Rechten, will mich förmlich vorstellen, da tut sie den herzförmigen Mund auf.

Eh, Opa, höre ich, haste in dein´ Protzenkoffer zufällig ne Luftplumpe, die aufn Trabbi paßt?

41

Und in meine sekundenlange Sprachlosigkeit murmelt sie
ihre Enttäuschung.

Nu hält nach Ewigkeiten endlich eener an und denn hat
der Vogel nicht mal einen Handkompressor an seiner
Rostlaube!

Die Hinterräder meines vielpferdigen Importviertakters
drehten noch im zweiten Gang relativ heftig durch. Ich
habe aber auch die volle Beschleunigung ausgenutzt. Ja,
ich gebe zu, dass der Familienname Vogel weder selten
noch attraktiv ist. Ich habe mich mit den Scherzen
abgefunden, die sich um den Namen ranken. Ich gebe
unter Umständen auch zu, dass ich seit einem knappen
halben Jahr Großvater bin. Aber muss ich mir das auf der
Autobahn bei Beelitz sagen lassen? Noch dazu von so
einer flachbrüstigen und vorlauten Autoanalphabetin?

1977

Brückenschläge

Es muss anfangs der achtziger Jahre gewesen sein. Ich trug jedenfalls noch eine mittelprächtig dekorierte Armeeuniform und war in diplomatischer Mission unterwegs.

Es war ein Spätsommer wie aus dem Bilderbuch. Ich sehe die Situation vor mir, als wäre es heute.

Seit zwei Kilometern stiebt feiner, gelber Straßenstaub durch den Innenraum des Geländewagens und wird im Sonnenlicht sichtbar. Die Straße von Kyritz herüber ist neu. Die kleine Steinbrücke da vorn ist alt. Die Kurve kommt mir bekannt vor. Das Ortsschild auch.

Da vorn rechts ran und anhalten.

Der Kraftfahrer nimmt den Gang heraus und stellt nach einem kurzen Seitenblick zu mir den Motor ab, ohne zu fragen. Er ist erst seit Juni in meinem Bereich und ein bisschen vorlaut. Aber fahren kann er.

Ich sehe mich um, bestätige mir meine eigenen Wahrnehmungen durch greisenhaftes Kopfnicken. Sieht zwar alles ein wenig anders aus, als vor zwanzig Jahren, aber wen sollte das wundern. Ich bin nicht zum staunenden Vergleichen hier, sondern zur Erfüllung einer Aufgabe, eines Dienstauftrages. Also, an die Arbeit!

Der Gefreite neben mir sieht aus wie ein Fragezeichen. Alles richtig, wir sind an Ort und Stelle. Auch ohne Nachfragen gefunden, dieses Kaff. Ich sage ihm nicht, dass ich schon mal hier war. Als Erntehelfer. Getreide? Oder Kartoffeln? Nein Gerste, glaube ich. War ja im Sommer. Hat sich aber tatsächlich allerhand verändert in diesem Dörfchen, fast am Arsch der Welt.

Der Lauf der Dinge. Damals waren wir jung, ungebunden, neugierig, hungrig nicht nur auf das Leben, schlank, kraftvoll genug, um Bäume auszureißen.

Und dann dieses Nest!

Das war vielleicht ein Schock, als wir nach stundenlanger Schüttelei von den Lastwagen heruntergesprungen waren. Einige von uns haben die vernachlässigte Einöde sofort fotografiert. Irgendwo muss ich noch Bilder von diesem Einsatz an der Erntefront haben. Gehörte seinerzeit zum Standard, dass die Armee zur Erntezeit auf die Dörfer fuhr. Sicher, Spaß gab es auch.Auf einem Foto blinzeln ein paar von uns durch ein Stallfenster. Sieht echt aus, obwohl wir nur einen ausgehangenen Rahmen vor unsere Gesichter hielten. Sehr flott wirkten wir nicht in unseren brettharten Sommeruniformen aus Drillich. Aber der Anzug passte in die Einöde.

Da war nichts los, absolut nichts!

Auf den bröckligen Ziegelstufen eines alten Großbauernhauses saßen drei stoppelbärtige Kerle in verwaschenen Arbeitsanzügen und hielten sich an Bierflaschen fest. Im Haus waren der Konsumladen und das Büro der Genossenschaft, der wir zur Hilfestellung zugeteilt waren. In der schweren Haustür nur zwei heile Scheiben, der Rest der Kassetten mit Preßpappe zugenagelt. Vor dem Haus eine Pfütze, so lang und so breit wie die Straße. Weiter hinten, an einer Dieselzapfsäule, mitten im Morast ein vergammelter Trecker. Daneben die verkramte Mehrzweckgarage der Traktorenstation. Ich könnte es aufmalen, so deutlich erinnere ich mich plötzlich. Ein Foto gibt es, da sitzen wir auf der ehemals herrschaftlichen Treppe. Auch mit Flaschen in den Händen ...

Ja, aber wo ist das geblieben? Sieht alles so anders aus, so ordentlich. Habe ich mich vielleicht doch geirrt? Ach was, das Ortsschild stimmte. Und die kleine Brücke auch. Da hatten wir mal im Übereifer der Normerfüllung eine Strohfuhre unzeitig früh und ruckartig abgeladen. Solche Wegzeichen vergisst man nicht. Das Haus da drüben, das musste dieser Konsum mit Büro sein. Jeden Tag nach der

Feldarbeit hatten wir auf den Stufen gehockt. Wir prahlten herum, führten unsere Weltläufigkeit vor, verunsicherten die Verkäuferin durch geistlose Blödeleien, bissen einen ab mit den Traktoristen, die natürlich eine viel bessere Kondition beim Saufen hatten und lärmten dann aufgekratzt durchs Dorf, sehnsüchtig nach einem Weiberrock spähend.

Aber da war nichts.

Die Männer erzählten uns die haarsträubende Geschichte von der Tünne, dem bekanntesten Frauenzimmer weit und breit. Ha, das wäre eine! Wochenlang trieb die sich herum, niemand suchte sie, weil sie außer den Großeltern, bei denen sie ihre Behausung hatte, niemand vermisste. Sie kam immer wieder, meistens aus Neuruppin, aus dem Krankenhaus. Die nahm alles mit, hieß es, am liebsten verdächtige Bazillen. Nein, nicht aus dem Dorf! Mit der legte sich doch von den Einheimischen keiner an. Und hin schon gar nicht.

Na, na, bei dem akuten Mangel hier? Wir waren skeptisch. Angeblich soll sie am Wochenende wiederkommen. Da werdet ihr schon sehen, wer recht hatte!

Sie kam tatsächlich. Und wir sahen.

Alle Wetter, das war ja ein Elefantenküken. Das Gelächter und die dämlichen Bemerkungen rissen nicht ab, als sie tatsächlich vor dem Konsum auftauchte. Eine Menge Weiblichkeit! Und wahrscheinlich nicht sehr weise, sonst hätte sie wohl einen Bogen geschlagen um uns und die Treppe. Tatsache, die Tünne - richtig hieß sie Christine, aber das machte die Sache nicht besser - kam nicht in Frage für die kulturelle Jugendarbeit.Schade, schade!

Außer ihr gab es nur wenig junge Frauen und Mädchen im Dorf. Die kamen abends mit einem klapprigen Autobus aus Kyritz, verschwanden, wie von einem Schwamm aufgesaugt, in den niedrigen Häusern und waren von da an so unerreichbar wie die Sterne über der Pferdekoppel hinterm Hollerbusch!

An die Koppel erinnere ich mich gut. Nicht nur, weil sie einen der damals gerade aufkommenden, elektrischen Weidezäune hatte.

Heute scheint es junge Mädchen zu geben im Dorf. Da drüben auf der Treppe, das ist ein ganz niedliches Geschöpf. Wie sie die Stufen herunterfedert, fast wie im Kino. Oh, sie kommt auf uns zu. Der Gefreite pfeift leise durch die Zähne. Na, na! Ob sie so freundlich ist, wie sie aussieht? Wir werden sehen. Verdammt, immer wenn man mal schwungvoll aussteigen müsste, dann klemmt die blöde Tür. Ich merke, daß der Fahrer hinter meinem Rücken grinst. Soll er, ins Gespräch komme ich mit dem flotten Kind. Strafe muß sein!

Sie bleiben am Fahrzeug!

Schon sieht er nicht mehr so fröhlich aus.

Guten Tag, sagt das Mädchen. Eine schöne dörfliche Sitte, auch jeden Fremden zu grüßen.

Sie werden schon erwartet.

Flott sieht sie aus, ländlich frisch. Trotz der Hosen, die auf den Körper genäht scheinen. Sie hat eine hohe, aber keineswegs piepsige Stimme.

Sie erwarten mich?

Geht doch um den Flurschaden, nicht wahr?

Ja, aber ...woher wissen Sie ...

War nicht schwer zu erraten. Bitte, das Haus da drüben. Die Treppe hoch und dann im Flur gleich links halten.

Na also, das Büro ist noch an seinem Platz. Der Laden vielleicht auch? Ich bekomme plötzlich unbändigen Appetit auf einen Dreifingerkloß frisches Sauerkraut, gleich aus dem Fass. Und auf eine handliche Flasche Bier. Obwohl ich mich schon lange an Schnaps und Selters gewöhnt habe. Angeblich weniger Kalorien. Aber das werden wir uns mal lieber verkneifen. Sonst heißt es womöglich: Schaden machen und angetrunkene Offiziere zur Klärung schicken, das passt zusammen! Na, das muss ja wohl nicht sein. Hoffentlich ist der Vorsitzende ein Gedienter. Da kommt man besser ins Gespräch. Nicht gleich mit der Tür ins Haus, mehr so von hinten durch die Küche. Wann haben Sie denn gedient, ach, und wo? Hm, da müssten Sie doch eigentlich noch den und jenen kennen ... Na sehen Sie, dachte ich mir doch!

Hört sich zwar an, als wäre man schon hundert Jahre alt, aber es wirkt eben immer. Und die letzten zwanzig Jahre sind wirklich wie im Flug vergangen.

Hm, der Flur riecht tatsächlich noch ein wenig nach Konsum. Hering, Sauerkraut und Bier, ein unverwüstliches Aroma. An der Ladentür ist ein Schild. Buchhaltung. Schade, aber es hätte mich auch gewundert. Also links um und klopfen.

Herein!

Eine Frauenstimme. Donnerwetter, sogar ein besetztes Vorzimmer! Das jedenfalls hat es früher nicht gegeben. Und dann ist es doch nur ein großer Raum; Schreibtisch an einem der hohen, schmalen Fenster, ein runder Tisch mit zwei Stühlen unter dem anderen. In der Ecke ein großer, brauner Kachelofen. Aus der Bratröhre lugt das Archiv mit den Abrechnungsbögen. Am Schreibtisch der Vorsitzende.

Lieber Himmel, es ist eine Frau!

Vorstellung und gegenseitige Musterung. Sie hat die stumpfblonden Haare zu einem Dutt aufgesteckt und trägt irgendetwas Geblümtes, so eine Art Kittelschürze. Darunter einen blassbraunen, rund ausgeschnittenen Pulli. Als sie aufsteht, sehe ich, dass der kräftige Händedruck das richtige Hinterland hat. Breite, gerade Schultern, feste Hände und braungebrannte Unterarme. Also, wenn ich etwas von Ähnlichkeiten verstehe, dann könnte sie die Mutter meiner liebenswürdigen Empfangsjungfer sein. Na, da soll das Mädchen mal aufpassen mit der ländlichen Kost...Aber das geht mich überhaupt nichts an. Ich bin hier, weil ein Schaden an einer Holzbrücke zu regulieren ist, die während der Übung in ihrer Tragfähigkeit überschätzt wurde. Natürlich möchte ich mich noch ein wenig umsehen in der Gegend und ein paar Erinnerungen auffrischen. Aber das binde ich der sehr energisch wirkenden Kollegin hinter dem Schreibtisch besser nicht auf die Nase, dass ich schon mal hier war. So eine vorsitzende Bauersfrau wäre vielleicht imstande, meine Gefühlsduselei auszunutzen und mich aufs Kreuz zu legen. Wir werden ja sehen, wie die Verhandlungen laufen. Fragen möchte ich schon. Und wenn sie vielleicht aus der Gegend stammt, dann könnte sie ja durchaus wissen, was aus dem Julchen geworden ist.

So schnuddlig, wie das Mädchen vorhin, waren die Dorfschönen damals nicht angepuppt. Warte mal, was hatte denn das Julchen an, als wir uns nach drei Wochen ausdauernder Belagerung endlich heimlich trafen? Es war auf dem Weg zum Nachbardorf, das weiß ich noch. Aber was hatte sie an? Wenn ich angestrengt nachdenke, fallen mir neuerdings die einfachsten Sachen nicht ein. Teufel, das Gedächtnis! Jeans gab es jedenfalls noch nicht. Aber weiße Blusen. Und blaue Faltenröcke. Natürlich, und dazu weiße Söckchen und Sandalen. Das sah ganz hübsch aus. Kommt bestimmt irgendwann wieder in Mode.
Ob die Scheu vor dem anderen Geschlecht auch wieder modern wird? Vielleicht haben die Jugendlichen selbst diese sachlich-brutale Art der Partnersuche bald satt? Ich weiß noch genau, wie prickelnd und aufregend dieses erste heimliche Treffen war. Obwohl eigentlich überhaupt nichts passierte. Wenn ich mich recht entsinne, dann hatten wir in der Schänke des Nachbardorfes eine Fassbrause und zwei Bier zu zahlen gehabt. Und zwei

Bockwürste. Tanz war nicht, leider, so sind wir dann über die Feldwege getrabt. Das dauerte, bis es schummrig wurde, war ja Sommer. Irgendwann habe ich mir ein Herz gefasst. Sie lief, an einem Halm nagend, immer zwei halbe Schritte vor mir her, fragte mich aus und erzählte vom Dorfleben. An der Koppel mit dem neuen, elektrischen Weidezaun blieb sie stehen. Es hat mich überhaupt nicht interessiert, wie das Ding funktionierte. War es nun Zufall oder Absicht, sie ließ sich jedenfalls fast widerstandslos an den Schultern herumdrehen. Wir küssten uns und wussten dann doch nicht weiter. Ich war unbeholfen und aufgeregt. Sehr aufgeregt.

Dann war nach endlosen Zeiten der Zaun plötzlich direkt über uns. Gefährliches Spiel für Rock und Bluse.

Vorsicht, das Grünzeug färbt! Nun hilf mir doch mal!

Es war wunderschön! Brüste hatte das Kind, hoch und glatt, warm und fest ...

Das wäre ihr ja zum ersten Mal passiert, klagte sie mich hinterher an. So schnell und mit solchen elektrischen Tricks!

Meine Güte, das ist gute zwanzig Jahre her. Eigentlich toll, was das Gedächtnis aufgehoben hat, wieso beschwere ich mich? Ach was, jetzt heißt es auf andere Gedanken kommen. Ich muss mich konzentrieren. Was sagt die Bäuerin da? Lokaltermin? Bei der Hitze will sie zu der Brücke? Wo es doch so schön kühl ist in dem Büro. Zu trinken hat sie mir auch nichts angeboten.

Also meinetwegen.

Der Wagen steht draußen.

Ach, die paar Schritte, sagt sie, die können wir wohl laufen. So schön, wie es heute ist. Hier im Büro friert man richtig.

Paar Schritte? Lag die Brücke nicht auf halbem Weg ins Nachbardorf? Jedenfalls die, die ich zu kennen meine. Armeepioniere hatten sie einst geschlagen. Sozialistische

Hilfestellung für die Genossenschaft, damit die Bäuerlein zwei Kilometer Umweg sparten mit ihren Erntefudern. Auf diese Brücke gründete sich doch mein taktischer Plan. Eine Armeebrücke erkennt man auch nach zwanzig Jahren noch. Und wenn die zum Teufel war, dann gab es praktisch gar keinen Flurschaden. Das sollte doch nur eine Behelfsbrücke sein, hatte mir Julchen erzählt. Sollte nur so lange halten, bis Geld für eine richtige Betonbrücke in der Kasse klingelte.

War schon eine rechte Plaudertasche, das Julchen! Natürlich haben wir uns geschrieben. Hoch und heilig versprochen. Schwüre unterm Koppelzaun, elektrisch verstärkt. Zwei, drei Briefe, mehr wurden es aber nicht. Und kurz nach dem Examen lernte ich dann Gitti kennen. Sie brachte Grund in alle meine Lebensbereiche. Und räumte auch mit den Erinnerungsstücken auf. Eifersüchtig war sie nie, nur ordnungsliebend. Alte Briefe fanden da keine Gnade. Ach Julchen, wenn mir doch nur dein richtiger Name einfiele. Wer weiß, wo du jetzt steckst und was du treibst.

He, am Ende ist es gar die Vorsitzende da? Holla, möglich ist manches! Gesichter verändern sich ja sehr in zwanzig Jahren. Nein, nein, vorsichtig geschätzt dürfte die Kollegin doch jünger sein. Und stämmiger. War ja ein schlankes Kind, das Julchen. Bis auf die Brust...

Alle Wetter, ich merke, dass ich gar nicht daran denken darf. Das wäre ein Ding! Sie ist es wirklich, erkennt mich, erinnert sich natürlich an die Nächte unterm Zaun und lässt mich mit meiner Verhandlungstaktik hochleben, weil ich mich nach dem dritten Brief nicht wieder gemeldet habe! Meine Güte, wie oft mag das schon passiert sein, dass die laue Sommernacht zwei Leutchen verkuppelt und dass sie sich danach nicht wieder begegnen. Kein Grund zum Dramatisieren.

Der Chef hatte gut reden. Ich würde selbst fahren, aber wozu hat man Stellvertreter. Also bring du das mit der Brücke in Ordnung, Genosse Schwarzenburg. Sieh zu, dass die Sache aus der Welt kommt. Möglichst günstig für uns. Auf keinen Fall Arbeitskräfte oder Material zusagen. Das wird sonst eine Kette ohne Ende. Erst Arbeitseinsatz, danach Freundschaftsvertrag. Und bei jedem Problem rufen die dann hier an.

Zu Befehl, habe ich gesagt und mich über den Auftrag gefreut. Weil ich nämlich schon immer mal wieder in die Gegend wollte, die ich so gut in Erinnerung hatte.

Na, nun war ich hier. Aber was erkenne ich noch? Alles ist großzügiger, gepflegt von kundigen Händen. Damals hieß es Kolchose Typ eins, jeder macht seins. Auch wenn es sich anhört, wie aus der Zeitung: der Unterschied ist wohltuend.

Wir waren für den Einsatz in einer ehemaligen Schnitterkaserne untergebracht worden. Strohschütte auf dem Ziegelfußboden, Decken, die nach Diesel stanken, Mäuse in Legionsstärke, Donnerbalken ohne Rückwand, angelehnt an einen Stall, Jauchefließ übern Hof. Für vier Wochen musste es gehen. Und es ging! War es an diesem Ende des Dorfes, wo der Katen stand? Alles kann man sich ja nun auch nicht merken. Nein, das ist nicht das Mädchen von damals. Wie die herumläuft! Nacktwadig in Gummistiefeln. Sicherlich hat sie so mausgraue Wollsocken an, damit sie nicht schwimmt in ihren Galoschen. Läuft wie ein Mann, die Hände in den Schürzentaschen. Sichtlich stolz ist sie auf die Dinge, die sie im Vorbeigehen erklärt. Da ein neuer Stall, dort eine neue Kaufhalle. Ob die Sauerkraut führt, denke ich. Da drüben, das ist der alte Gutshof. Der ist jetzt Ferienobjekt für einen sächsischen Großbetrieb. Wer hätte wohl früher hier Ferien machen wollen. Raffinierte Bäuerlein. Der Gutshof, natürlich. Auf der Terrasse haben wir damals ein

Kulturprogramm improvisiert. So, wie es üblich war. Mit Klampfe und Mundharmonika. Ohne Verstärkeranlage. Rechter Hand vor der Einfahrt war die Jauchegrube. Da bin ich eines Tages mit dem Trecker durch die morsche Abdeckung eingebrochen, sehr zum Vergnügen der anwesenden Traktoristen und Erntehelfer. Den Traktor haben wir fachmännisch geborgen und die Abdeckung instandgesetzt. Aber die Blamage und der Geruch in den Klamotten, die hielten sich fast bis zum Ende des Einsatzes. Wenn die Tante hier davon wüsste. Sie sieht mich ab und zu flüchtig an, lässt aber den Blick nicht stehen. Grüne Augen,.Hexenaugen ... Was hatte das Julchen eigentlich für Augen? Ich komme nicht auf die Farbe, ich komme auch nicht auf den Namen. Vielleicht später, wenn ich nicht mehr so intensiv daran denke. Warum eigentlich, solche Zufälle gibts nur im Kino. Und wenn schon: eine lauschige Nacht an der Pferdekoppel, das war doch wohl eine hübsche Erinnerung. Wer wollte die zwanzig Jahre nachtragen!

Wie bitte, wo gehen wir lang? Am Holunderweg? An der Pferdekoppel vorbei? Gibts denn noch Pferde?

Gab es hier immer. Früher belgische Kaltblüter. Jetzt haben wir uns auf Haflinger verlegt, nur so zum Spaß. Für die Kinder und die Jugend. Damit der Rückstand in den Freizeitmöglichkeiten ein bisschen aufgeholt wird. Ein hübscher Weg, nicht?

Wirklich, ein hübscher Weg. Eingeschnitten in die Felder, gesäumt von Holunderbüschen. Genau wie vor zwanzig Jahren. Das Gefühl ist da, alles schon einmal so erlebt zu haben ...

Genau so, über alles mögliche plaudernd, war ich mit dem Julchen hier entlang geschlendert, bis sie dann stehenblieb.Was denn, kann die Vorsitzende Gedanken lesen? Warum bleibt sie nun auch stehen, gerade hier? Ach, keine Gefahr. Sie weist über die Felder.

Wahrscheinlich ein Vortrag über den Ertrag. Was sagt sie da? Sehr persönliche Erinnerungen, eine richtige, romantische Jungmädchengeschichte verbinden sich bei ihr mit Weg und Weide? Ach du armer Arm, das wird doch immer aufregender.

Vor zig Jahren hatten wir mal Armee hier, sagt sie, als Erntehelfer. Fünfundzwanzig Offiziersanwärter, vier Wochen lang. Alles frische, ausgeruhte Kerle. Aber ungeschickt zur Feldarbeit. Dafür dann abends wie die Dollbrägen!

Dollbrägen, das waren wir, keine Frage. Warum sieht sie mich jetzt so merkwürdig an? Red doch weiter, Weib! Uff, sie ist schon dabei.

Das waren richtige Wilde. Wenn es duster wurde, sperrte man uns Mädels ein. Aber wozu gab es Leitern auf jedem Hof?

Verflucht, die war also wirklich damals schon hier. Klar, und sie weiß auch die ganze Zeit, dass ich ...aber warum lässt sie dann die Katze nicht aus dem Sack?

Die Tochter!

Wie alt mag die sein? Neunzehn? Oder zwanzig?? Verdammt, da kann einem aber plötzlich die Hitze aufsteigen. Taschentuch, Mütze ab, das bringt sie vielleicht von der Spur. Früher hatte ich den Schädel voller Locken. Warum lacht sie, hat sie den Trick durchschaut?

Nein, sie redet schon wieder.

Heute kommen wir allein zurecht mit der Ernte. Schade, eigentlich war es ganz schön damals. Endlich mal was los in unserem Kaff. Vor allem in den Nächten. Flurschaden gab es übrigens auch. Ach, was heißt Flurschaden, Sie haben ja meine Tochter schon kennengelernt, kann man da von Schaden sprechen?

Oh verdammt, verdammt, welcher Deubel hat mich geritten, diesen so ehrenvollen Auftrag zu übernehmen und hier her zu fahren? Flurschaden regulieren, Hustekuchen Mir scheint, hier soll auf meine Kosten etwas reguliert werden.

Geht das überhaupt noch, nach so langer Zeit? Oder ist es verjährt? Ich weiß es nicht, es würde mir wohl auch nicht viel nützen. Ich hänge ganz schön in der Tinte.

Natürlich ist das die Jule, warum soll sie nicht ein bisschen ausgelegt haben mit der Zeit. Ich habs doch auch. Oh, die hat mich erkannt, gleich als ich zur Tür rein kam, hat sie mich erkannt, die Schlange. Und jetzt bindet sie mich aufs Rad, schön langsam, genüsslich und fest. Ob die vielleicht an den Minister geschrieben hat, so und so, die Jahre vergehen, wie soll das mal geklärt ... und der Alte hat die ganze Sache gezielt eingefädelt? Ich bin ein Trottel, warum verlange ich nicht einfach den Kostenvoranschlag, setze die Summe in den Auftrag, lasse gegenzeichnen und verschwinde? Warum ist der Karren nicht kaputtgegangen unterwegs? Ich Esel halte mich mit nostalgischen Betrachtungen auf und derweilen hängt mir dieses frisch-kernige Weibsbild in aller Ruhe eine Vaterschaftsklage an. Ganz klarer Fall: die hat auf den Tag gewartet, wo sie mich erwischt. Die hat ihre Wut über die unverhoffte Mutterschaft jahrelang konserviert und jetzt röstet sie den Erzeuger ihrer Tochter -ihrer durchaus gutgelungenen Tochter, das muss man in aller Bescheidenheit anmerken, und dazu gehören ja wohl auch immer zwei - auf kleiner Flamme.

Gottfried Schwarzenburg, hier bewahrheitet sich wieder einmal, dass manche Mühlen langsam mahlen.

Hoffentlich geht dieser Tag bald zu Ende. Wann kommt denn nun die verdammte Brücke, die unsere Schützenpanzer beschädigt haben sollen? Warum sagt die Landfrau nichts mehr? Verliert sich bestimmt in unangenehmen Erinnerungen und überlegt schon, wann

sie zuschlagen soll. So ein Tag, so wunderschön wie
heute...

Na endlich, die Brücke. Oha, Tatsache, viel ist nicht
übriggeblieben. Das Geländer weg und im Belag klaffen
Lücken. Aber es ist eine Pionierbrücke gewesen.

Eindeutig. Ich sage das auch.

Eine Armeebrücke. Von Fachleuten gebaut. Vor Jahren!
Woher wissen Sie das denn?

Sieht man eben, sofort sieht man das.

Ach, sagt sie, so? Sieht man das?

Dann setzt sie sich an die Böschung, zieht die Galoschen
aus, hat wahrhaftig graue Wollsocken an, zieht auch die
aus und lässt die Beine mit einem wohligen Seufzer ins
Wasser gleiten.

Oder wissen Sie das etwa, weil Sie schon mal hier waren?
Jetzt kommt es. Angriff oder Verteidigung? Angriff ist
besser, man könnte die Initiative behalten, zumal, wenn
man schon so tief drinsteckt.

Woraus eine kluge Bauernfrau das denn schließen kann,
frage ich scheinheilig zurück.

Aus den kreisenden Blicken natürlich, aus dem
Halsverdrehen, schon den ganzen Weg entlang. So linst
nur einer, der Vergleiche anstellt. Und altersmäßig dürfte
es doch wohl hinkommen mit den erwähnten Erntehelfern,
wie?

Weib, mach schnell. Schlag zu und fertig. Über die
Modalitäten müsste man mit einer, die rechnen gelernt hat,
doch wohl einig werden. Aber sie scheint Zeit zu haben.

Hat halt zwanzig Jahre gewartet auf den Tag.

Auf diesen Augenblick habe ich gewartet, sagt sie.

Na also.

Wenigstens einen von euch wollte ich noch mal
wiedersehen.

Halt mal, was denn, einen von uns? Die wird doch nicht
mit mehreren ...Kann ich mir nicht vorstellen. Obwohl es

die Lage entschieden vereinfachen würde. Nee, nee, zugegeben, es war wunderschön. Ahnung hatte sie, mehr als ich, wusste genau, was sie wollte. Aber diese Ziererei vorher und die Wunderei danach ...wen sie das bei anderen auch, keine zwei hätte sie kennengelernt in den vier Wochen. Und außerdem: Nebenbuhler. Das wäre ja noch schöner gewesen. Hörner in der Ernteschlacht! Immerhin, denkbar ist vieles. Besonders seit einer Stunde.

Ich bin vorsichtig geworden.

Möglich ist manches heutzutage, sage ich diplomatisch und warte auf den nächsten Hieb.

Stimmt, sagt sie, denken und träumen kann man viel, aber dass einer von euch hier nochmal auftaucht, daran habe ich fast nicht mehr geglaubt.

Ich übe mich in weisem Schweigen. Was sollte ich schon sagen. Sie wartet auch. Das dauert mir zu lange.

Schließlich bin ich im dienstlichen Auftrag unterwegs. Ich gebe mir Mühe, den nächsten Satz unbefangen und munter klingen zu lassen.

Ich glaube fast, jetzt wo Sie es sagen, erinnere ich mich an die Gegend. Und Sie waren damals auch schon hier?

Keine originelle Frage, zugegeben, aber sie beendet die Pause.

Ja, ich bin von hier. Und ich war damals auch schon hier. Besser gesagt, ich kam zurück, da wart Ihr schon im Dorf. Ich wohnte bei den Großeltern. Das war eine Strafe für die alten Leutchen. Tuberkulose hatten die Ärzte bei mir festgestellt. Dauernd war ich in Behandlung, zweimal sogar in der Heilstätte. Aber das war nicht das schlimmste. Irgendwer hatte verbreitet, dass ich was ganz anderes hätte und deshalb dauernd weg müsste. Die Großeltern konnten mir nicht helfen gegen das Gerede. Später bin ich dahintergekommen. Es war einer von den Traktoristen. Der hatte die Beulen, die er sich vor meinem Fenster geholt hatte, nicht verwunden.Aber das Gerücht blieb an mir hängen wie Melasse. Dann kamen die Offiziersanwärter. Ach sei still, ihr habt alle gewusst, was über mich getratscht wurde. Auf der Konsumtreppe, da, wo das Büro ist, da habt ihr gesessen nach der Arbeit und getrunken. Wenn ich einkaufen musste, gab ja nur die eine Möglichkeit, dann durfte ich Spießruten laufen! Dämliche Bemerkungen im Dutzend. Gerade du! Dich hätte ich in hundert Jahren noch erkannt, gleich, ob mit Glatze oder Vollbart. Einen Bogen habt ihr um mich gemacht, jedenfalls am Tage. Dafür heulten nachts die Kater ums Haus. Wer sollte da auf Dauer herzlos bleiben. Genommen habe ich den, der nicht lästerte, sondern mich manchmal sogar verteidigte. Das war der erste richtige Mann in meinem Leben, der erste, mit dem ich mich nicht prügeln wollte. Hier an der Koppel wars, hinter den Holunderbüschen, wo sich seit Jahrhunderten die Verliebten aus dem Dorf treffen. Zu eurer Zeit waren wir nur zwei, die den Platz beanspruchten. Wir konnten uns also einigen, die Maritta und ich. So, das wollte ich loswerden, irgendwann. Intelligent siehst du aber im Augenblick wirklich nicht aus. Damit auch das noch gesagt ist: ohne neue Brücke kommst du mir nicht davon, du nicht! Na los, zieh schon deine Langschäfter aus und kühl dich ab. Nach Hause kommst du früh genug, jetzt, wo alles geregelt ist. Und solltest du einen treffen aus deiner Truppe von damals, dann erzähle im ruhig, was aus der Tünne geworden ist.

Als wir um die Ecke des Gutshauses biegen, erkennt mich der Kraftfahrer. Er kommt uns rückwärtsfahrend entgegen. Papiere aus meiner Tasche brauche ich nicht. Ein Händedruck unter alten Bekannten. Ein Vertrag wie auf dem Pferdemarkt.

Wir melden uns natürlich nochmal, bevor es losgeht. Und schöne Grüße an Maritta.

Ja, aber erst Weihnachten, vorher sehe ich sie auch nicht.

Der Kraftfahrer pfeift wieder fast unhörbar und blickt
mich dann aufmerksam an.
Doch eine neue Brücke für die Bäuerlein?
Woher wollen Sie das wissen?
Die sah aus, als ließe sie sich nicht so schnell austricksen.
Als wir am Büro vorbeikommen, winkt uns die Tochter
von der Treppe aus nach.
Der Gefreite stöhnt plötzlich.
Was ist denn mit Ihnen los?
So ein Kaff und so eine leckere Käthe!
Wie bitte?
Na ja, ein nettes Mädchen, ehrlich mal.
Doch, da haben Sie recht, die würde mir auch gefallen.
Aber, aber, das könnte ja wohl Ihre Tochter sein.
Achten Sie man schön auf die Straße, nicht das wir auch
noch die olle Steinbrücke reparieren müssen.

1981

Neue Lasten

Trude und Mary

Montag früh auf dem Brotweg der Landeshauptstadt
Potzdupimi. Zwei Frauenstimmen links hinter mir im
Gespräch.

1. Stimme (laut und aufgeregt):
Also Trude, ick sare dir, keen Wort is wahr. Ick habe doch
nischt mit dein Mann. Wie kommste denn uff det schiefe
Brett...

2. Stimme (piepsig und traurig)
Ick gloob dir ja, Mary, aber die Paschken will et jenau
jesehen haben..

1.Stimme:
Die Paschken, die Paschken, die olle Jewitterzieje, wenn
ick det schon höre! Ausjerechnet die Paschken! Seit die
bei uns int Haus wohnt, isse neidisch, dis
Schrumpelstilzchen.

2. Stimme:
Aber wenn set doch jesehen...

1.Stimme
Die und jesehn! Jar nischt sieht se. Ausjerechnet die mit
ihre hundertpferdige Glasfabrik uffe Neese! Sauer isse,
weil se keener anmachen tut. Der nimmt doch keener mehr
de Brille ab, der ollen vatrockneten Knurpelschrippe.

2. Stimme:
Ja aber du bist...

1.Stimme:
Ick, ick bin det blühende Leben jejen die Flitzpiepe. Und
det wurmt ihr. Seit se injezogen ist. Is ja ooch keen
Wunda, die faßt doch keener nich an, nich ma mit de
Kohlenzange, die Jiftnudel! Nich ma der olle Zausel ausn

Dritten und der grapscht nach allet, wat nich schnell jenuch aufe Bäume flüchtet. Und wie ick det weeß...

Na hallo, hier entwickelt sich wohl ein Frauenroman? Da wollen wir mal nicht lauschen. Oder doch? Also dranbleiben.Vorsichtiger Blick nach hinten, getarnt durch geheucheltes Interesse für ein Schaufenster.
Mary ist ein Rubensmodell, Ende vierzig, aufgenordet blond, links und rechts zwei pralle Kaufland-Beutel, Spitzenbluse mit einem großzügig präsentierten Vierundzwanzig-Personen-Ausschnitt unter dem offenen Trenchcoat. Trude fällt deutlich ab. Verhärmtes Gesicht mit Tränenspuren im angedeuteten make up, drei bis vier Gewichtsklassen unter Mary, wenn man überhaupt davon sprechen kann. Grauer Mantel, Henkelhandtasche. Etwa so lange auf der Welt, wie die vermutliche Nebenbuhlerin. Sie schnappt hörbar nach Luft, kommt aber doch immer mal wieder zu Wort
Trude:
Erinner dir an unse Hochzeit. Mutti hat damals schon jesacht, ick soll auf Kutte uffpassen, der kricht so verschwiemelte Oogen, wenn du inne Nähe bist...
Mary:
Mutti, Mutti, die hat schon imma Jespenster jesehen. Die hätte lieber auf unsen Vater uffpassen sollt, denn wära ihr nich wegjeloofen.
Trude:
Aba Kurt war fix und fertich, alsa jestern oben kam...
Mary:
Und du denkst, icke bin schuld? Da haste dir jeschnitten, Schwesterlein, icke nich. Icke und dein Kutte, det ick nich kichere!!
Trude:
Det beweist noch nischt. Und Kutte hat jesacht...

Mary:

Nu wer ick da wat sagen. Dein Kutte, ja, den kannste dir sauerkochen. Wat solla jesacht ham. Nischt wird er jesacht ham. Rein weg jar nischt. Als ick ihm nackt jesehn habe, hat mir det Erbarmen jepackt. Der hat doch nischt uffe Rippen, det armselige Bündel Knochen. Und denn solla mir...der is jar nich imstande, sare ick dir. Den hab ick erst ma ne Stulle und en Topp Brühe jemacht, damitta zu Kräften kommt. Und wat wart Ende vom Lied? Injeschlafen issa mir, wien Kind anne Brust. Und du behauptest, ick hätte wat...Schöne Schwester biste, ehrlich. Aba gloob du nur die Paschken. Machn lieba wat orntlichet zu futtern, damitta wat ansetzt. Denn könn wa noch ma drüber reden, ob ick dir und die Paschken den Jefallen tu...Wenn der heeßen Kaffe trinkt, dampfta doch durche Rippen, der spacke Hering, der!

Trude (jetzt vernehmlich schniefelnd):

Und du meenst, da war würklich nischt?

Mary (langsam anschwellend in der Lautstärke):

Sare ick doch die janze Zeit. Und wenn de willst, schwör icks dir,Trude. Kutte is mir zu spillerig, kiek mir an, ick brauch en Kerl und keen Fliejenschiss...

Trude:

Mensch Mary, nich so laut. Tschuldije, wenn ick dir verdächtigt hab, aber die Paschken ...

Mary (grollend und immer noch ziemlich laut):

Die soll sich vorsehen, die alte Kuh. Wehe, wenn ick die nachher uffe Treppe erwische, die Tratsche, die mach ick zu Puppenlappen...

Trude: (immer noch schniefelnd)

Weeßte, mir fällt direkt en Steen vont Herze. Juti, Schwamm drüba, jehn wan Kaffe trinken uff den Schreck? Ick lad dir ein.

Letzter Blick zurück. Das ungleiche Paar schwenkt zum Stadt-Café ein. Mary mit ihren Einkaufsbeuteln vorneweg

wie ein Flaggschiff, hinter ihr, geduckt und huschig,
Papiertaschentuch unter der Nase, Trude.
Schade, daß man nicht mehr draußen sitzen kann.

Okt. 1995

Karriereknick

Die Kellnerin wischt flüchtig über den weißen Kunststofftisch, bevor die beiden jüngeren Herren Platz nehmen. Die milde Herbstsonne trocknet die Tischplatte schnell. Gelangweilt blättern die im Stil der aktuellen Bankermode gewandeten Endzwanziger in der Karte und bestellen dann einen dem Ernährungs- und Fitnessprogramm angepassten Salatteller. Dazu ein Alster. Oder nein, doch lieber nur ein stilles Wasser. Sie haben doch stilles Wasser? Selbstverständlich, die Herren, unser Wasser ist so still, das hören Sie überhaupt nicht.
Ach ja, den Salat bitte ohne Dressing.
Bitte sehr, die Herren.
Die Kellnerin, deren großzügig dargebotene Oberweite den Hang zur gesunden Hausmannskost vermuten lässt, entschwindet mit verführerischem Hüftschwung, was die Herren aber nicht wahrnehmen. Sie sind vermutlich an wichtigeren Ereignissen interessiert. Etwa an der Senkung des dritten Leitzinses. Oder an der eminenten Dollarschwäche. Eine Augenweide, die dezent gemusterten Markensakkos, die Designer-Krawatten, die untadeligen Hosen, die blitzenden, staubfreien Schuhe, deren gelbe Ledersohlen den ausschließlichen Innenstadtbetrieb verraten. Hartschalen-Aktenkoffer mit Zahlenschloss, gehobene Preisklasse. Schmal gefaßte, schwarze Platinbrillen mit entspiegelten Gläsern. Solidität und Vertrauen, Joggingtypen, Schwarm aller nach guten Partien Ausschau haltenden Schwiegermütter, heimlicher Blickfang für die geschäftig vorbeistöckelnden um die tausend Wochen alten Damen. Was werden sie fahren? Sind sie Herren der Ringe oder des Sterns? Auf jeden Fall Cabrio. Auf jeden Fall getrimmter Rassehund. Jack Russel statt rotznäsigem Kind auf der Rückbank. Wenn man so einen interessieren könnte, würde man locker aufs Single-

Dasein pfeifen können. Golf auf sattgrünem Rasen, Tennis im führnehmen Club, zur Not auch nur Squash im modernen Fitness-Center. Klamotten aus der Boutique Angelique. Schluss mit dem Studium der Kataloge. Heimliche Sehnsüchte hinter cooler Fassade? Vielleicht schauen die Kerle hinterher, wenn man aus der Hüfte läuft...

Tun sie aber nicht.

Das Wasser kommt. Der Salat wird serviert, nicht etwa hingestellt.

Lass es dir schmecken.

Du auch. Wann zieht ihr denn in die neue Filiale am Kanal?

Weiß ich im Augenblick gar nicht definitiv.

Na höre mal, das kommt gut, du weißt es nicht?

Ich sag mal, es touchiert mich im Augenblick nicht sonderlich.

Echt, hast du vielleicht was neues in der Hinterhand? Musst du natürlich nicht sagen, es hat mich halt nur interessiert, weil wir uns eine Ewigkeit nicht gesehen haben.

Aus guten Gründen. Ich bin zu Hause. Seit einem dreiviertel Jahr.

Das kann doch nicht sein, ausgerechnet du? Gefeuert oder gegangen?

Nichts von beidem. Erziehungsjahr.

Waaas bitte?

Er-zie-hungs-jahr! Ich habe Jane abgelöst, die blieb im ersten Jahr zu Hause. Jetzt war ich dran. Gehörte zu unserem Lebensplan. Und ich gehöre zu dem einen Prozent deutscher Männer, die das realisieren.

Ist ja Spitze, Superidee, echt cool. Aber was machst du danach?

Ich fange wieder in der Firma an. Im Augenblick einen Tag in der Woche, die alten Kundenbeziehungen auffrischen, bisschen Aquisition, paar Neukundengeschäfte, sozusagen Schnuppertrainee-Programm.

Finde ich echt spannend. In eurem Alter schon ein Kind. Wie seid ihr bloß darauf gekommen? Das ist doch...also ich sage mal...nimm es nicht persönlich... absolut ein Karierreknick. Und du kommst mit der Kiddi-Betreuung klar? Ist für mich unvorstellbar, kommt einfach nicht rüber, entschuldige schon. Ich könnte das nicht.

Du könntest das auch. Das ist so super, das kann man nicht erklären. Ich hatte nicht mal einen Vorkurs. Weißt Du überhaupt, was das für ein Gefühl ist? Neulich zum Beispiel. Die Kleine steigt auf die Sitzecke und zieht aus dem Regal das unterste Buch heraus. Natürlich alle anderen hinterher. Außer einer Schramme auf der Stirn gottlob nichts passiert.

Ich war so erschrocken. Geschimpft wie ein Kesselflicker. Und dann hältst du das Menschlein auf dem Arm, spürst das Herzchen wie eine Maschine pochen und siehst die Tränen lautlos kullern. Das Gefühl kann dir niemand beschreiben, das musst du erleben. Es ist eine unbezahlbare Erfahrung.

Für zwei Minuten herrscht Stille. Der Gesprächspartner kramt das Portemonnaie aus dem Aktenkoffer. Entschuldige, ich muss weiter. Ein Privatkundengespräch. Bis die Tage, man sieht sich.

Die Herbstsonne scheint sich über den glücklichen Vater zu freuen. Sie legt ihm einen warmen Strahl auf den korrekt gefönten Haarschnitt. Verrückte Zeiten, nicht mal aus dem Outfit kann man noch verlässliche Schlüsse ziehen.

Okt. 1995

Der Platzhirsch oder
Das Bosporus-Syndrom

Der Vormittag ist noch nicht alt, die Kneipe wohl auch
dieserhalb leer. An einer Art Stammtisch, in exponierter
Lage, mit Blick auf die Tür und die gesamte Räumlichkeit,
sitzt ein gut genährter, nicht sonderlich reputierlich
angezogener Mittfünfziger und studiert die großformatige
Tageszeitung. Nichts, woran er sich festlesen könnte. Er
geht zum Kreuzworträtsel über, zückt mit geübtem Griff
Brille und Kugelschreiber und macht sich über die leeren
Kästchen her. Rasch werden die ersten Begriffe
hingeschrieben. Kurz darauf öffnet sich die Tür mit dem
altmodischen Glaseinsatz. Ein wesentlich älterer, aber
ebenfalls mit der Örtlichkeit offenbar wohlvertrauter Gast
betritt die Szene.
Hallo, Horschte.
Der Angesprochene kann seine Herkunft aus dem
sächsischen Sprachraum nicht verleugnen.
Grüß dich, Opa. Wie gehts denn heute?
Sankt Reumazimus hat mich fest in den Klauen. Wies
heute geht, weeß ich noch nich, bin noch nich dazu
gekommen. Meine Konkubine hat Ausgang. Kaffeefahrt
i'nn Harz. Ma sehn, wat sie dismal anschleppt. Und selbst?
Kaffeefahrt, wenn ich das schon höre. Auch so eine
Errungenschaft aus unserem neuen Leben. Aber um auf
deine Frage zurückzukommen: Wie´s einem
Vorruheständler eben geht. Man schlägt sich durch. Geld
ist zum Leben zu wenig, zum Sterben zu viel, aber das
weißt du ja selbst. Gut, daß ich niemanden mehr mit
durchzufüttern habe.
Die Wirtin, die zum Inventar zu gehören scheint, steckt
den Kopf aus der Tür hinterm Tresen. Na, Opi, wie
immer? Kommt sofort, dein angewärmtes Bier und dein
Kräuterkompott. Sekunde.

Deine Sekunde kenn ick, vielleicht schaffst du es heute mal inne halbe Sekunde?

Als ob du et eilich hättest, alter Zausel.

Haste gehört, Horschte, ein Ton wie inne Konsum-Zeit. Die lernt die Magdwirtschaft ooch nich mehr, die Schalamowskin.

Ja, ja, Opi, das kommt, weil die nicht rauskommt aus ihre vier Wände. Unsereins reist wenigstens und besieht sich die Welt. Man muß eben das beste machen aus diesen verrückten Zeiten. Nächsten Monat gehts wieder ab nach Spanichen.

Wieder mitn Bus?

Seppvaständlich, unsereins kann sich keen Flieger leisten. Das bleibt den reichen Westrentnern vorbehalten. Außerdem lernste in so einem Bus meistens nette Leute kennen. Und toi, toi, toi, bis jetzt bin ich immer heil angekommen.

Meine Kinder warn dis Jahr in Griechenland, Rotos, oder wie das heißt.

Rhodos, Opi, Rhodos mit H hinterm R. Wo das schöne Sprichwort herstammt: Hier ist Rhodos, hier kannste deinen Salto machen.

Nee, wat du allet weeßt, Horschte. Na, nächstet Jahr wolln se nach Frankreich. Bordeauch. Kenn ick noch vom Barras. Bring uns ma gleich noch einen, Frau Wirtin.

Kannste gar nich kennen, Opi, kurz davor ham se kehrt jemacht, die glorreichen Wehrmachtstruppen, und sind zum Ärmelkanal eingeschwenkt. Geschichte des Weltkriegs zwo, dritter Band. Außerdem heißt es Bordooh, aux geschrieben, aber langes O gesprochen. Sind wir voriges Jahr durchgekommen. Sehr schöne Stadt, noch besserer Wein. Trocken und trotzdem vollmundig.

Mensch, Horschte, willste dir nich beit Reisebüro bewerben?

Ach was, ein Mann wie ich braucht seine Unabhängigkeit. Wie geht es denn Paule? Den habe ich seit Ewigkeiten nicht mehr gesehen.

Paule? Der ist mit seine Trulla auf dem Nordlandtrip. Schweden. Da, wo dem Ohlsen seine Bande ihr Unwesen treibt. Die solln sogar noch einen König haben.

Opi, Opi, du bringst wat durcheinander. König und Schweden stimmt, aber Ohlsen stammt aus Dänemark. Und die haben eine Königin. Als ich im vorigen Herbst auf der Kurzreise war, habe ich sie persönlich in Kopenhagen gesehen. Die kauft selbst ein, triffste auf der Straße. So möcht ich mal den Dicken treffen, dem würde ich was erzählen von wegen blühende Landschaften.

Würdest du fertig bringen, Horschte, du ja. Nehm wir noch eine Runde?

Die Tür geht auf, gestützt auf einen Stock humpelt ein weiterer Gast in den Schankraum.

Tach Opi, tach Horschte, seid ihr hier angewachsen oder wat? Ihr wart doch gestern schon hier.

Fass du dir an deine eigene Neese, du junger Spund, und nöhl ehrsame Bürger nicht voll. Fräch uns lieber, was wir trinken wollen. Icke für mein Teil nehm noch ein Gedeck, Horschte will bestimmt noch en Kaffee und en Brändi, wa Horschte?

Mir recht, Kalle, wat Opi sagt. In Dänemark, wir warn gerade bei Dänemark, als du reinkamst, da kostet der Branntwein ja ein Vermögen. Und in Schweden bekommt man ihn überhaupt nur auf Zuteilung. In Extra-Läden, die sehen wie eine Apotheke aus.

Schnaps in der Apotheke! Und das nennt sich zivilisiertes Volk. Da kannste dich doch nur wundern. Und da fährst du noch hin, Horschte?

Tja, Kalle, mein Bildungstrieb. Man gönnt sich ja sonst nichts. Wo der Ohlsen sich rumtreibt, also das ist Jütland. Gehört zu Dänemark, ist aber nur eine Provinz. Allerdings die größte. Da findet man heute noch die Atlantikwälle, die sogenannten Tirpitz-Stellungen. Stichwort Neutralität im Weltkrieg Eins. Alles aus Beton, gebaut für die Ewigkeit. Deutsche Wertarbeit eben. Muss man gesehen haben. Prost! Der olle Tirpitz stammt übrigens aus Küstrin, war also Preuße, nur mal so am Rande erwähnt. Irgendeiner hat mir erzählt, du bist in Bulgarien, Horschte. Warte mal, ick werd mal die Schalamowski noch mal in Gang setzen.

Bulgarien ist im Oktober dran, Kalle. Wenns hier ungemütlich wird, dann nichts wie ab in die Sonne. Ich wollte ja nach Sizilien, aber Bulgarien ist günstiger. Vier Wochen Sonderangebot, last minitt...

Wat is denn dat? Maffia auf bulgarisch?

Ach Quatsch. Letzte Minute heißt das. Hin zum Reisebüro und los. Alpjenna, nich Aalbeeno, wie die Sachsen sagen. Ich sage euch, da stimmt das Preis-Leistungs-Verhältnis noch.

Weeßte, was mich wundert, Horschte? Nee, nich wat du allet weeßt, sondern wie du dir das alles leisten kannst.

Ja, Kalle, da heißt es eben sparen und auf manches verzichten. Wolltest du noch einen bestellen, Opi? Nein? Na, muss ja nicht sein. Ich wollte mich sowieso auf den Weg machen.

Horschte tritt formvollendet ab, nicht ohne sich zu erkundigen, ob er alles getrunken habe, was bestellt wurde. Meinen Kaffee schreiben Sie dreist zu Opi auf den Zettel. Lohnt sich ja nicht, den extra zu kassieren. Ich bin dann morgen dran.

Wers glaubt, murmelt Kalle halblaut.

Als die Tür zu ist, setzt er hinzu: Ist und bleibt ein Schnorrer, der Horschte.

Ja, sagt Opi, aber du kannst reden was du willst, der kennt die Welt. Und kann sie erklären.

Der hat das Bosporus-Syndrom, Opi.

Wasn das für ne Krankheit?

Nicht direkt eine Krankheit. Aber sowat ähnlichet, Opi.
Musste dir so vorstellen: wenn jetzt hier einer säße und
erzählt, daß er am Bosporus war, denn wird ihm Horschte
erklären, daß er gestern erst drüber geflogen ist und wie es
da aussieht .

Versteh einer die neumodischen Zeiten, murmelt Opi und
bestellt das nächste Gedeck. Bring uns ma noch een uff
den Bos-po-rus!

Lass mal gut sein, Opi, du brauchst doch deine Knete
selba.Und lasse dir nich anschnorrn von so ein. Weeßte
eijentlich, was der früher gemacht hat?

Agitata bein Kreis wara.Ick kenn ihn aus der Gartensparte.
Da hatta kassiert und die Leute belehrt, det sie am
Staatsfeiertag die Fahne raushängen sollten.

Na siehste. Die Katze läßt das Mausen nicht, Opi. Frau
Wirtin, auf den Schreck man doch noch eine Runde.

Okt 1995

Hausmarke

Guten Tag, schöne Frau. Hoffentlich störe ich Sie nicht beim Kochen, aber Sie hatten ja wohl den Termin mit unserem Büro telefonisch abgestimmt. Geier mein Name, genau wie der übel beleumdete Vogel, hier meine Karte. Ach wo, ich werde Sie nicht lange aufhalten, Zeit ist Geld. Wem sagen Sie das, ich bin ein gestandener Außendienstler. Wussten Sie eigentlich, daß in der Wirtschaft der Bundesrepublik der Außendienst eine feste Größe ist? Ich erkläre es Ihnen, aber vielleicht finden wir ein Plätzchen für uns und mein Köfferchen, wo wir uns ein paar Minuten unterhalten können. Nein, nein, kein Staubsauger, keine Nachschlagewerke, ich habe schon das Schildchen auf Ihrem Briefkasten entdeckt. Ist denn der werte Gatte auch anwesend? Wir legen großen Wert auf seriöse Beratung, verstehen Sie. Ich persönlich sage immer: Kann gar nicht genug Ohren und Zungen geben für mein Anliegen. Im Gegensatz zu den Mitbewerbern, also ich persönlich spreche ja gern von Konkurrenten, die das Geschäft zwar beleben, aber auch viel Vorbehalte aufbauen, also ganz im Gegensatz dazu wollen wir mit unserem Angebot überzeugen, nicht überreden. Sie sollen Zeit haben zum Prüfen und zum Entscheiden, denn zufriedene Kunden empfehlen unser Haus weiter, Unzufriedene wollen wir nicht. Und haben wir übrigens auch nicht. Ganz geringe Storno-Quote, darauf sind wir stolz. Ist aber bei unserem Produkt auch kein Wunder. Wenn Sie vielleicht ein Gläschen hätten, muss ja nicht Kristall sein, Hauptsache durchsichtig. Und dicht, haha. Ach wissen Sie, ohne einen kleinen Scherz wird das Leben langweilig. Sehr schön, nein, nein, ich achte schon darauf, dass es nicht zu viel wird.
Aber ja, und wie ich zur Sache kommen werde. Sie haben sich an unserer kleinen Umfrage beteiligt, dafür möchten

wir uns mit einer ausgesuchten Kellermeister-Weinprobe bedanken. Aber woher, das verpflichtet Sie zu nichts, wir wollen uns nur erkenntlich zeigen. Nein, wie kommen Sie denn darauf, ein Schlückchen in Ehren, wer will das verwehren. Sie sollen ja nur mal unser Angebot kennenlernen. Und vielleicht sind Sie ja doch gerade auf der Suche nach einer Hausmarke, die man lieben Freunden kredenzen kann ohne in den Ruf des ungebildeten Geizkragens zu geraten. Sie hatten, wenn ich mich recht erinnere, auf Ihrem Antwortkärtchen vermerkt, dass Sie hin und wieder einen guten Tropfen zur Umrahmung einer schönen Stunde genießen. Richtig, Sie bevorzugen eine liebliche Note, kleine angenehme Restsüße, sozusagen Spätlesecharakter. Was wir Ihnen anbieten, stammt aus gutem Hause und wird in den normalen Geschäften gar nicht geführt, weil das die berühmten Perlen vor die nicht minder bekannten Haustiere schütten hieße. Wir nehmen uns die Zeit, mit unseren potentiellen Kunden persönliche Kontakte aufzubauen. Nein, ich weiß ja, Sie sind kein Kunde, aber was nicht ist, nein, nein, ich werde Sie nicht überreden. Sie sollen einfach nur mal mit mir durch unser Angebot spazieren. Da habe ich hier aus einer ganz bevorzugten Lage ein Tröpfchen, das wird Ihnen gefallen. Sehen Sie nur diese Farbe. Ist das nicht gefangenes Sonnenlicht? Probieren Sie einfach mal. Wir Fachleute- nein, nein, ich bin nicht der Kellermeister, aber von der Pike auf Weinkenner- sprechen nicht von Säure, sondern von trocken ausgebauten Weinen. Zu trocken? Aha, dachte ich mir. Aber wo er hingehört? Richtig, zum Braten und zum Fisch, ich sehe schon, Sie verstehen was davon. Probieren Sie doch einfach mal diesen hier. Vielleicht ein Stück Weißbrot oder Käse, das neutralisiert den Geschmack. Ach, davon wird man höchsten heiter, nie betrunken. Schon besser? Setzen wir gleich noch einen drauf. Unser Vorschlag für die Stunde im Kerzenlicht.

Sagen Sie das nicht, in Ihrem Alter hat man noch viele zweite Frühlinge vor sich. Aber ja, ich komme schließlich herum und kann das beurteilen. Wir stellen ihn mal vorsichtshalber zur Seite. Ich will Ihnen nämlich unser Rotweinangebot nicht vorenthalten. Das ist was für festliche Stunden, für die dunklen Braten. Also, Rotwein muß überhaupt nicht lauwarm sein, Sie merken das. Wenn er gut ist, entwickelt er auch bei dieser Temperatur sein Temperament und Bukett. Selbstverständlich, auch den haben wir nicht ganz so trocken ausgebaut im Angebot. Unsere bevorzugten Kunden sind die Damen, die wissen einen guten Tropfen zu schätzen. Diese südländischen Weine sind uns hierzulande ja relativ fremd geblieben, wer konnte schon immerzu im Fressquisit kaufen. Natürlich zu Familienfesten, Jugendweihe und Silberhochzeit. Aber sonst war es der Kadarka, vorausgesetzt, man kannte eine Verkäuferin. Natürlich hat so eine Qualität ihren Preis, aber davon später. Ich möchte Ihnen unbedingt noch die Krone des Hauses vorführen, ein Sekt, schon fast ein Champagner, mit exquisiter Note. Kommen Sie darauf? Aprikose, natürlich. Und herrlich frisch, nicht wahr? So recht was für den Ausklang eines schönen Sommerabends. Ja, das wäre es, wofür würden Sie sich denn entscheiden? Wir liefern natürlich ins Haus, Sie haben gar keine Umstände damit. Der Aufpreis ist gering, Lieferfrist zwei Wochen etwa. Na, ein Fläschchen von jedem, das lohnt doch nicht. Dann schmeckt es Ihnen und Sie müssen auf den Nachschub warten. Dreimal sechs Fläschchen für den Anfang, das wäre schon zweckmäßiger. Wir könnten dann gleich einen Vertrag...ach, da kommt wohl der Göttergatte? Wie bitte, was hier los ist? Also hören Sie, nichts läge mir ferner, als Ihre Herzdame am hellichten Tag besoffen zu machen oder dun zu quatschen, wie Sie sich auszudrücken belieben. Im Gegenteil, bis jetzt war es ein sehr angenehmes Gespräch. Und im Hinblick auf Ihr Ansehen bei Ihren Gästen haben wir noch ein bisschen Weinkunde praktiziert...nun kosten Sie vielleicht doch erst einmal...gerade die ausgemachten Biertrinker sind gern unsere Kunden geworden...man muss schließlich mit der Zeit gehen...ja aber, natürlich gehe ich, wenn Sie absolut nicht...zusammenpacken werde ich doch wohl dürfen...wieso draußen...

Ungebildetes Volk, dann kramt doch weiter im untersten Regal vom Supermarkt. Auf diese Art und Weise wird die Kluft zwischen Ost- und Westtrinkern noch Jahre bestehen.

Wenn man mal davon absieht, dass man in Niedersachsen zum Beispiel mit seinem silbernen Köfferchen gar nicht erst ins Haus gelassen wird...

1995

Nischt mit Jurke

Das vornehme Hotelrestaurant der gehobenen Mittelklasse
ist spärlich besetzt. Kann sein, daß die Septembersonne
schuld ist, die sich in den sanften Wellen vor
Kühlungsborn spiegelt. Kann aber auch sein, es liegt an
etwas anderem.

Dem Restaurant sieht man die Preisklasse an. Es wurde
noch im vorigen Leben projektiert und von den Schweden
gebaut. Von den Schweden, das war vor Zeiten eine
geheimnisvolle Formel. Die Schweden fuhren, ohne
anzuhalten, auf die Fähren von Saßnitz oder Rostock. Die
Schweden gaben Geld aus, um alle Plätze und Kirchen zu
restaurieren, an denen sie ihren anno 1632 bei Lützen
gefallenen König Gustav Adolf auf dem Rückweg vom
Sächsischen ins Schwedische abgesetzt hatten. Die
Schweden waren ein solides und wohlsituiertes Volk mit
vorbildlichem Sozialverhalten. Man hätte sie glatt in "unse
Repeblik" eingemeinden können, wenn sie nur gewollt
hätten. Aber sie wollten wohl nicht. Nur bauen. Hotels und
Restaurants wie dieses hier. Böse Zungen behaupten, dass
sie deshalb sogern an der See bauten, um schneller der
landeseigentümlichen Prohibition zu entkommen.

Der Oberkellner ist sich seiner Rolle bewußt. Er
repräsentiert sowohl die alte als auch die neue Zeit. Was
so aus einem werden kann, wenn einen die Schweden
schon ins Auge gefasst hatten für die Bedienung des
hochwohllöblichen Publikums. Nein, nein, ein Ferienheim
sollte es nicht werden, mehr ein devisenbringendes Haus
für die Gäste aus Westwärts.

Na, nun zahlen sie ja alle mit Westgeld. Müssten eben nur
mehr kommen. Nicht nur Busse voller Senioren. Leider ist
ja auch kein Kurbetrieb mehr, so wie früher, nicht wahr.
Da kam hier kein Apfel zur Erde, so voll. Ach ja, das
waren tolle Zeiten. Sie werden plaziert. Und in den

meisten Kneipen noch falsch geschrieben. Platziert, mit T. Geplatzt sind die Gäste, die draußen auf einen freien Tisch oder Stuhl warten mussten. Im Foyer hing die Wettbewerbstafel mit den Besten aus dem gastronomischen Erlebnisbereich und aus der Speisenentwurfs-und Zubereitungseinrichtung. Schnee von gestern, jetzt hat uns der richtige freie Wettbewerb fest im Griff.

Ja, natürlich, schauen Sie ruhig erst einmal in die Karte. Der Oberkellner huscht zum Servierbuffet, streicht im Vorbeigehen mit der Hand über ein ohnehin faltenfreies Tischtuch, rückt ein Blumenarrangement zurecht, hat die zwei besetzten Tische dabei fest im Blick und steht sekundenschnell neben uns, als wir die Karte, verwirrt von der Vielfalt des Angebotes, entnervt aus der Hand legen. Er erkennt unser Problem und empfiehlt mit geübtem Salonfranzösisch, was unseren Gaumen kitzeln wird. Der Aperetif steht kaum vor uns, da betreten zwei Damen die Szene, die man ohne Zögern den bekannten Willmersdorfer Witwen zuordnen würde. Sie sind, wie man unschwer heraushört, mit einem Busunternehmen hierher gekommen, um die morbide Bäderlandschaft der abgewickelten Gänsfüßchenrepublik höchstselbst in Augenschein zu nehmen. Schließlich möchte man doch erfahren, was diese Zonendödel mit dem vielen schönen Geld machen, dass man ihnen aus den wohlgefüllten Töpfen überlassen hat. Ja, auch aus dem Rententopf. Man muss doch schon überlegen, ob man die Sommerwohnung in Fuentaventura noch bis in den Dezember halten kann! Frau Geheimrat Meyer-Kaltenofen soll voriges Jahr schon im Oktober abgereist sein. Und das, was man hier sieht, ist schließlich kein Ersatz für die Kanaren. Oder die Malediven. Oder die Karibik. Das haben die hier in hundert Jahren noch nicht im Griff.

Bis hierher ist das Gespräch zwischen den beiden in grellbunte Pullover und bequeme Tweedhosen gekleidete Damen nur zu ahnen, nicht aber zu verstehen gewesen. Das ändert sich gleich.

Der Ober, schon auf dem Weg zu den beiden, wird lautstark ermahnt:

Würden Sie vielleicht mal eine Karte bringen, Ober? Überlastet werden Sie doch wohl nicht sein.

Der Ober verzieht keine Miene. Er fliegt heran und breitet die Karten aus. Steht wartend in respektvollem Abstand neben dem Tisch. Die Damen schauen pikiert auf. Wir möchten erst mal sehen, was Sie hier so anbieten. Selbstverständlich. Diskreter Abgang zum Servierbuffet. Kaum angelangt, wird er zurückgerufen.

Sagen Sie mal, wo ist denn die Salat...ach da, merkwürdige Anordnung.

Der Mann hat kaum seine Ausgangsposition eingenommen, da wird er erneut zitiert. Wenn Sie freundlicherweise mal Zeit für uns hätten...

Hat er, für wen denn sonst? Die anderen Gäste sind beim Dessert und beim Kaffee. Sie haben Zeit, den weiteren Dialog der Damen zu verfolgen, tun aber so, als seien sie brennend an den Geschehnissen auf der Strandpromenade interessiert.

Haste eijentlich schon Hunger, Elfi? Ick hab noch jar keen Hunger, nur Apptit. Der Fraß von die Raststelle dahinten bei Wismar liecht mir noch im Magen.

Mir och, Fanni, ick muß nachher erst ma nachkieken, ob meine Hausapotheke jefüllt is. Ick gloobe, mein entferntet Branka liecht inne letzten Züje.Sach ma, willste jetzt würklich wat ssu dir nehm, oda kiekste bloß?

Einerseits hab ick en flauet Jefühl inne Marenjegend, andrerseits isset mit Halbpension. Die wern doch wohl schon wat von Abenbrotbüffeeh jehört ham, die Fischköppe? Herrr Ooober!

Der fliegt förmlich heran.

Wir wissen ja nich, welche Erfahrungen Sie hier mit Verdursteten gemacht haben. Aber bevor es mit uns soweit is, bringen Sie doch vielleicht mal wat zum Trinken.

Aber gewiß doch, die Damen. Möchten Sie die Getränkekarte...

Ick weeß, wat ick möchte. Ich möchte ein stilles Wasser. Ein stilles, Herr Ober, keen Sprudelquell. Das wir uns da recht verstehn.

Sehr wohl, die Dame. Und Sie, bitte schön?

Eine Schorle. Eine Apfelsaft-Schorle.

Der Ober galoppiert in zierlichen Sprüngen zur Küchengasse. Endlich eine Aufgabe. Man sieht ihm die Erleichterung an.

Sekunden später ist er zurück und wendet sich, nachdem er die Gläser formvollendet abgestellt hat, mit dem Block in der Hand den Damen zu.

Im Restaurant ist es mucksmäuschenstill. Niemand möchte verpassen, was die beiden Weitgereisten zu sich nehmen werden. Vielleicht kann man was lernen. Man sieht förmlich, wie sich die Ohren spitzen und auf Empfang gehen.

Wissen Se was, Hunger haben wir noch gar nicht, den heben wir uns fürs Abendbrot auf. Wann jibts denn Abendbrot? Wat, so spät? Na gut, einen Salat könn Se uns bringen. Einen! Und een leeren Teller mit Besteck dazu. Aba Sie, nüscht aust Glas und nüscht mit Jurken!

Der Ober verzieht keine Miene. Er geht leichtfüßig ab in die Küche.

Vorausgesetzt, er hat jeden Tag solche Gäste, vorausgesetzt, er verflucht nicht täglich einmal die Schweden ob ihres Bautempos, vorausgesetzt, er kennt den Flur V im Arbeitsamt, vorausgesetzt, er liebt seinen

Beruf. Wetten, dass es uns nicht Wunder nähme, wenn er zu der stillen Reserve der neuen Widerständler und Mauererhöhungs-Prediger konvertieren würde?
Wetten, dass er im kleinen Kreis nach Feierabend an Wilmersdorfer Witwen kein gutes Haar lässt?
Wetten dass man ihm im kleinen Kreis nicht widerspricht?

1995

Pünktchen, Pünktchen ..und ein Strich

Die Stammtischrunde sitzt schon länger zusammen. Auf
dem Tisch halbvolle Gläser, halbvolle Flaschen und ein
ganz voller Aschenbecher. Urgemütliche Atmosphäre,
nichts für Astmathiker. Selbst die Wiener schmecken ein
wenig nach Rauch. Das stört die angeregte Unterhaltung
jedoch nicht.
Warste denn schon ankreuzen, Horschte, du warst doch
früher immer einer von die ersten int Wahllokal...
Weila zu geizich war, um seine jeweilige Duldschinea
Blumen zu koofen. Und der erste Wähler hat ja imma en
Sträußken abjestoobt.
Du weißt das natürlich ganz genau Opi, dabei biste doch
imma erst nachmittags hin, wenn dir die Schlepper mits
Auto geholt ham.
Na und? Wenn man's bequem haben kann...Siehste, und
nu jeh ick jar nich mehr hin.
Das ist so falsch wie nur wat, Opi, glaub es mir. Damit
änderste nischt, du spielst bloß die falschen Leute in de
Hände.
Det würde mir interessiern, Horschte, wen meinste mit die
falschen Leute?
Ja, ja Kalle, nachdenken war noch nie deine starke Seite.
Also horch druff.
Was wir jetzt haben, nennt sich bekanntlich Demokratie.
Also Mitbestimmung. Also, du beteiligst dich als
mündiger Bürger am gesellschaftlichen ...
Wenn de jetzt noch Fortschritt sachst, denn biste im
falschen Film, Horschte. Jelernt ist jelernt, da kannste nich
gegenan. Aba mir lass´ mit deine Agitation in Ruhe. Und
du, Kalle, fräch ihn nich sowat, wo er in sein vorichtet
Leben zurückfällt.

Recht haste, Opi, aba mir interessiert eben doch, wo ihr die Kreuzchen gemacht habt. Man möchte schließlich wissen, mit wem man am Tisch sitzt.

Haste schon ma wat vom Datenschutz gehört, Kalle? Außerdem weeßte nich, ob nich eena zuhört, dems nischt angeht.

Meinst du vielleicht mich, Opi? Denn sag es frei heraus.

Dis Thema ham wa doch wohl durch, Horschte. Da denken wir uns sowieso unser Teil, wa, Opi? Und wenn von dreien, und wies aussieht stimmts, eener bei die Firma war, denn brauch ick ja nich erst abzuzählen, wa, Opi? Und wenn de jetzt wieda anfängst von Beweislage und Einzelfallprüfung, denn könn wa gleich essen gehn, wa, Opi? So, und nu denk ick mir Pünktchen, Pünktchen und een Strich. Damit is det Thema abjehakt.

Als ob man das mit Pünktchen-Pünktchen abhaken könnte. Hake ab und sach mal lieba, watte nu jewählt hast. Von deine roten Brüda haste dir ja wohl losjesacht.

Oder die sich von ihm, wa?

Manchmal biste richtich witzig, Opi, aba lass ma Horschte zu Wort komm. Vielleicht hatta ja sein Herze für die bürgerbewegten Jrünen entdeckt?

Det ick nich kichere, Kalle. Wer sein Laub inne Kolonie heimlich ankokelt, der kann keen Ijelfreund sein. Und die Jrünen sind Ijelfreunde, wa, Horschte?

Bleiben ja nur noch die Radieschen und die Schwarzen.

Wat sind denn Radieschen, Kalle, ooch sone Art Naturfreunde?

Nee, Opi, det sind die Sozis. Warn se früher schon. Außen rot und innen weiß. Damit se nich bei sich selba anecken. Die warn immer schon so mit sich beschäfticht, det se gar nich gemerkt ham, wie ihnen dis Wahlvolk wegläuft. Det is natürlich vorteilhaft für die Markigen, die stahlharten Sprücheklopfer, die Saumagenfans. Die brauchen nur noch die Arme auszubreiten, Pünktchen, Pünktchen...

Du machst een janz meschugge mit dein Pünktchen, Pünktchen. Ick denke, die haben et ooch nich jeschafft ohne Aderlass.

Apropos lass. Nu lass ma Horschte sagen, für wen sein Herze schlächt inne neue Zeit. Oder jehörste vielleicht zu die Besserverdienenden?

Hä,hä, Kalle, höchstens zu die Besserwissenden.

Alles Quatsch mit Soße, ihr Strategen. Aber wir sollten die Hand, die uns mit Rente füttert, nicht beißen. Schließlich hatten wir Kerle alle großes Glück. Normalerweise wird man in unserem Alter nach einem verlorenen Krieg erst ma ein paar Jahre interniert. Wart ihr det, ihr Nappsülzen? Na, seht ihr!

Jetzt sach bloß, du hast als alter roter Ostagitator den Dicken deine Stimme - Pünktchen, Pünktchen

Wer redet denn davon? Und damit ihr gar nicht erst spekuliert: ich war natürlich ankreuzen, hab mich also nicht gedrückt.

Na und, wat haste denn nu...

Ich habe den Fortschritt jewählt, nichts als den Fortschritt.

Und bei welche Parteiung haste den ausjemacht, dein Fortschritt?

Das ist relativ einfach für einen denkenden Menschen wie mich, Kalle, welcher neuerdings weit rumjekommen ist in der Welt.

Da sind wa aba neujierig, wa Opi?

Ich erklär es euch, damit ihr eure Ruhe habt, ihr Denkmuffels. Seht doch mal, wenn ihr euch inne Welt umschaut, was entdeckt ihr in jeder Reportage zuerst? Egal, ob nu von uns hier, aus der ganzen Republik oder aus entfernte Länder berichtet wird, jedes zweite Wort ist? Na? Genau! Verkehrschaos. Und wer verursacht das? Richtig, die Autofahrer. Sie sind also eine Macht, die vieles bewirkt. Und sie sind die neuen Ausgebeuteten in der Gesellschaft. War nur eine Frage der Zeit, dass sie eine eigene Partei gegründet haben.

Horschte, sach bloß, du einjefleischter Radfahrer hast die Partei der Autofahrer.. Pünktchen, Pünktchen...

Und ein Strich, fertig ist mein Wahlbericht! So einfach ist das! Wirtin, ich möchte zahlen. Kaum anzunehmen, daß sich die Herren von mir einen ausgeben lassen. Also nur meins, bitte.

Nach dem schwungvollen Abgang von Horschte brauchen die Zurückgebliebenen ein paar Minuten der Sammlung. Opi bricht als erster das Schweigen.

Haste Töne, der wählt Autofahrer.

Der is schlauer, als ich dachte, Opi. Det ham solche Klassiker wie Tucholsky schon beschrieben. Der redet sich ein, det er mit diese Partei den Fortschritt wählt, ohne dis sich jemals wat verändern tut. Von wejen Pünktchen, Pünktchen und ein Strich. Ick gloobe eher, wir drehn uns historisch gesehen im Kreise.

Stimmt, neue Autobahnen baun se ja schon. Könn wa bloß hoffen, det se die Altersgrenze fürn Volkssturm nich ruffsetzen...Pünktchen, Pünktchen!

Okt. 1995

Wat heißt hier Konsum?

Guten Tag, der Herr, was kann ich für Sie tun? Wie bitte, massieren? Da hört sich doch Verschiedenes auf! Haste jehört, Gerti, wat der freche Knilch mir anbietet? Det soll woll witzig sein? Also, da hakt bei mir die umjeschulte marktwirtschaftliche Kundenfreundlichkeit aus. Sowat hattet früher nich jegeben. Für die paar Westmäuse lass ick mir doch nich von jedem Stiesel anmachen. Wat heißt hier: Reg dich ab. Ick seh doch, wat ick sehe, Gerti. Der Kerl schleicht seit ne Viertelstunde durch die Warenträger und grapscht allet an. Tut so, als wenna wat koofen will und wischt sich die Finger anne Sakkos ab, der Piesepampel. Und ick kann nachher allet wieda richtich hinbaumeln, wa. Nee, ehrlich, ick seh doch schon seit jeraume Zeit, wie er sich da rumdrückt. Ach wat, so, wie er anjezogen is, wara früher urst froh, wenn da überhaupt een passendet Stück bei war. Und jetzt haun se plötzlich alle aufe Kacke, die Herren Kunden. Aba nich mit mir, mit mir nich. Mir reicht et schon, wenn ick hundert Mal am Tag die saublöde Frage stellen muß, ob ick wat helfen kann. Wat heißt hier Konsum? Kiek se dir doch an, Gerti, sehn die aus, als ob se wat anne Arme haben? Nee, sehn se nich. Kann der sich nich allein die Affenjacke überschmeißen und se denn ooch wieder orntlich hinbammeln? Kanna woll. Vielleicht galoppier ick bei jeden suchenden Kunden durche Gänge und jerate völlig umsonst in Schweiß, wa. Wot schon so enge is. Als ob et nich reicht, wenn ick ma selbst jeden Morgen auf Deubel komm raus steile, nur um den Umsatz anzukurbeln.Wat heeßt hier zu laut? Wieso denn nich, Gerti, lassen doch ruhich zuhörn, wir leben schließlich inne Demokratie, da kann jeder seine Meinung offen sagen. Na, und? Von den een Kunden weniger wern wa nich gleich Pleite machen.

Außadem, der soll sich ruhich beschwern. Den mach ick zur Minna, den Knilch, wenna ooch nur een Wort sacht, wat nich die Wahrheit entsprechen tut. Die hab ick sowieso jenascht, die Kunden. Früha, als wa noch Konsum warn, da kam se mitn Korb Kirschen oder ne Salami, wenn se wat wollten, heute soll ick mir vor Freundlichkeit dies und jenet uffreißen und denn koofen se noch nich mal wat. Mensch, Gerti, Zeiten sind det. Sach ma, wat tuschelst du denn die janze Zeit, ick versteh dir nich. Wat sachste? Waat? Und warum sachste dit nich gleich, du Schlange? Bist scharf uff mein Arbeitsplatz, wa? Wieso keen Kunde, wer warn dis sonst? Wat is denn een Maketinkchef? Und du denkst, dis Schweinsschakett hat mir nur jetestet? Da kannste ma sehn, wat dis fürne heimtückische Zeit ist, wo man nich ma seine engste Kollegin wat Intimet anvertrauen dürf.

1995

Der Gegenlichtfummel

Die Sonne tut ihr Bestes. Seit Tagen schon. Und mit jedem
Grad Wärme mehr scheint der Stoff der Oberbekleidung
der jungen Damen auf dem Bummelboulevard einen
Zentimeter abzunehmen. Himmlische Wonnen,
himmlische Körper. Naja, nicht alle, aber mit
zunehmendem Lebensalter erscheinen einem alten Zausel
die Mädchen offenbar sowieso schöner als früher. Und so
kurz und knapp, das hatten wir ja nicht mal nach dem
Krieg. Bei manchen geniert man sich fast jedes zweiten
Blickes. Quatsch mit Soße, wer sich solche strategischen
Streifen umhängt, der will auch beäugt werden. Ja gut,
nicht von solchen alten Semestern mit leicht beschlagener
Brille, wo die Augen mehrmals am Tag bis ans Glas
rutschen.
Gucken sowieso nicht mehr zurück, die Geißen, so um die
tausend Wochen alt. Nix mit der hübschen Vorstellung,
dass sich die eine oder andere flirten lässt, wie der
Altmeister Tucho bemerkte. Ist ja sowieso viel zu
warm...So ein Himmel...Haltmal, was war denn das eben?
Ein überaus schlankes, braunes, wohlgeformtes, aus der
Hüfte laufendes Etwas mit sogenannten Spaghetti-Trägern
am weißen handbreiten Top und mit einem aufregend
geschlitzten leichten Sommerrock, der bei dem
herrschenden Gegenlicht alles, aber auch alles...also nichts
verbirgt, schreitet im Gegenverkehr heran. Nickt mir
relativ rüstigem Mit-hm-ziger plötzlich lächelnd zu und
entbietet zu allem Überfluss die Tageszeit, wie einem
alten Bekannten. Alter Bekannter? Wer beim Zeus war
das? Tochter von wem? Oder nur verwechselt? Bauch
gebe ich zu, aber kein Allerweltsgesicht!! Obwohl es ganz
schön wehtut, wenn die liebe Kollegin Gabi scheinheilig
fragt, ob mein Hohlkreuz stärker geworden ist. Hätte sie
mal sehen sollen, wie freundlich ich hier gegrüßt werde.

Und nicht von irgendwem. Muss man sich doch glatt nochmal umdrehen. Ein bildschöner Anblick, Donnerwetter, auch wenn das Gegenlicht nun fehlt. Wie das schreitet...Ach ja, da geht man doch selbst viel schwungvoller in die Nachmittagstunde...
Dooiing, im Umdrehen knalle ich im vollen Lauf gegen einen des Wegs kommenden Herren, auch in mittleren Jahren. Bodycheck, Totalcrash, das tut weh!
Oh, pardon, das ist mir aber peinlich. Warten Sie ..hier Ihre Brille..nichts kaputt?.. Gottseidank. Habe ich Ihnen wehgetan? Wie kann ich das wieder gut machen...
Na, nun kriegen Sie sich mal ein, grinst der Geprellte. Kann schon mal vorkommen. Ich habe doch auch hinterhergeguckt...

1999

Das Hausbuch

Beim längst fälligen Aufräumen der Schublade fiel es
Bommelmann plötzlich in die Hände.
Das Hausbuch!
Ach du heilige Schei..., das hatte er ja völlig vergessen.
Was denn nun?
Sollten die nicht längst abgegeben worden sein?
Stand das nicht sogar mal in der Zeitung, gleich nach dem
Beitrittssalto?
Na, nun war es zu spät.
Einfach wegwerfen.
Aber wohin? In den Papiercontainer? Und wenn einer das
Dingen aufstöberte? Da wäre Bommelmann doch der
Dumme, schließlich wohnten ja noch Leute im Haus, die
sich an seine Melderfunktion erinnerten. Die
Stangebrechts zum Beispiel. Die waren doch quasi
Dauerkunden. Und Bommelmann musste ran. Weil sie
unübersehbar Westbesuch bekamen. Oder, anderes
Beispiel, weil schon wieder mal ein fremder Herr mehrere
Tage bei der Dame Klünter übernachtet hatte. Oder weil
Pfeifer mit nur zwei F zum x-ten Mal seinen Ausweis
verdohlt hatte und deshalb mal schnell eine neue Nummer
angeben musste.
Bommelmann war jedesmal zur Stelle mit dem schmalen,
graugrünen Heftchen. Und wurde auch stets eingelassen
und zum Hinsetzen eingeladen. Pfeifer trank zwar einen
entsetzlichen Schlittenwodka, aber spendabel war er
allemal. Die Dame Klünter trank Sekt, Rotkäppchen
trocken, allerdings nur nachts. Dafür erbat sie schon mal
Bommelmanns Rat, den Sitz ihres nagelneuen Bikinis
betreffend. Der saß nicht, der umspannte. Bommelmann
bekam gleich wieder einen trockenen Hals, wenn er nur
daran dachte.

Wegwerfen ging wirklich nicht.

Ja, du himmelblauer See, was dann?

Einen Reißwolf besaß er nicht, Feuer im Ofen ist bei Zentralheizung ein bisschen schwierig. Abgeben bei der neuen ABV-Generation, den sogenannten Repos? Man hörte neuerdings so viel von Verfassungsschutz und großem Lauschangriff, da wäre man schön dumm, sich selbst verdächtig zu machen.

Einfach liegen lassen, wo es lag. Um bei Bedarf...

Bommelmann blätterte in dem Büchlein.

Sieh da, die Klüntersche war Jungfrau. Also, vom Sternzeichen her. Hatte ja damals keine Sau interessiert, wer mit welchem Azimut welche Eigenschaften verknüpperte. Außerdem gab es keine Horoskope. Man stelle sich vor: die Wochenendbeilage vom ND mit Horoskop. Hätten doch alle Bezirksorgane nachdrucken müssen.Und ob die heutigentags nun immer stimmten, war, wenigstens im Falle Klünter, zweifelhaft. Eiskalte Rationalität und sexueller Spätzünder, das wollte dem guten Bommelmann gar nicht einleuchten.

He, schau mal an, die Tochter von Pfeifer war ja auch schon kurz vor der dreißig. Und dann noch solo. Vielleicht sollte man mal anfragen, ob man behilflich sein könnte ...

Der Wohnungsschlüssel ratschte im Schloß. Gerda kam vom Einkaufen zurück. Bommelmann warf das corpus delicti in die Schublade, klemmte sich beim eiligen Zuschieben die Finger und war partout nicht in der Stimmung, seiner Herzallerliebsten die inquisitorische Frage zu beantworten, wen sie wohl eben getroffen habe und wer nach ihrer Meinung auch immer bescheuerter würde.

Bommelmann gab es auf und fragte gequält: Na, wen denn nun?

Die Stangebrechtsche. Du ahnst nicht, was die von mir wissen wollte.

Nun, was denn schon?

Stell dir vor, die alte Schleiereule fragt mich doch glatt, ob du eigentlich noch das Hausbuch hast.

Bommelmann zuckte zusammen und bekam Flecke am Hals.

Was...wie ..wie kommt sie denn auf das schiefe Brett...

Was regst du dich denn so auf, sie hat doch nur gefragt. Kannst du dich erinnern, dass die immer Westbesuch hatten vor der Wende? Siehste, und jetzt haben sie angeblich geerbt und die Westler melden sich nicht mehr. Stangebrechts Rechtsverdreher will nun wissen, wann die das letzte Mal hier waren.

Kann ich ihr auch nicht helfen, brummte Bommelmann und trug unaufgefordert den Müllbeutel nach unten.

Gleich am Montag früh würde er sich kundig machen, was ein Wertfach in einer Bank kostet. Wenn es mal wieder anders käme, würde man ihm sicherlich dankbar sein für seine Umsicht.

Dez. 1995

Bommelmann beim Lauschangriff

Bommelmann ist aufgestiegen. In die Klasse der Reihenhausbewohner. Teurer Spaß. Sogar auf dem flachen Umland noch Preise, da kriegen die verflossenen roten Gänsefüßchen-Republikaner Pickel. Von wegen Vier-Raum-WBS 70 mit Innenküche, Winkelflur, Hobbyraum und alles inklusive 112 MDN. Hat sich was! Fuffzehn kalt pro Quadratmeter plus Betriebskosten. Hätte man früher glatt fünfzehn AWG-Wohnungen von bezahlen können. Aber wer es mag... Und Bommelmann bekommt kein schlechtes Ruhegeld. Seine Frau reibt sich wahrscheinlich schon heimlich die Hände bis es nach Schwefel riecht, wenn sie an die Witwenrente denkt...

Bommelmanns wohnen Mittelhaus. Nachbarn links und rechts, keiner drunter, keiner drüber. Der links hat einen alten Kater. Der wiederum setzt sich gern vor das Bommelmann´sche Lavendelbeet. Aber nur, wenn frisch geharkt wurde. Braucht seinen Komfort, der alte Zausel. Katzen interessieren ihn nicht mehr, Mäuse sind ihm wohl auch zu stressig. Bleibt als Zeitvertreib nur das Scheißen in fremde Gärten.

Der rechte Nachbar hat Kinder. Die haben den Garten so festgetrampelt durch das ewige Hin und Her, da hockt sich kein Kater hin.

Bommelmann hat sich zwei hölzerne Eselsohren setzen lassen auf der Terrasse und mit wildem Wein berankt. Volles Grün gleich volle Deckung. Sehen, ohne selbst gesehen zu werden. Und hören! Drei Terrassen weiter wohnt so eine kleine Zuckerschnute, knapp um die dreißig vielleicht. Wenn die den Garten bewässert, kriegt Bommelmann auch gleich feuchte Augen. Meint Frau Bommelmann. Kein Wunder aber auch, bei den superdünnen Seidenfummeln, die die Dame als Hausanzug

trägt. Muss einen Traumjob in der City haben, sonst
könnte sie sich die Butze bestimmt nicht leisten.
Verheiratet ist sie nicht. Die Galane wechseln. Die Tochter
wackelt auch schon mit dem Hintern. Liegt vielleicht an
den modischen Stelzenbotten, die die Mädels derzeit
bevorzugen. Bommelmann guckt ja im Prinzip nicht hin,
aber manchmal lässt es sich eben nicht vermeiden. Dafür
hört er um so besser. Vor allem am Sonntagmorgen.
Sonnenschein und Vogelzwitschern. Natur pur. Frühstück
im Grünen, da kommt die Terrasse voll gut. Dauert nie
sehr lange, dann geht auch die elektro-akustische Kulisse
los. Von profanen Tonfolgen bis zur Klassik. Vom
ordinären Piep bis zur Bach-Fuge e-moll. Die Handys
begrüßen den neuen Tag. Zum Beispiel drei Häuser
weiter.
Jaaa? Duuu? Hast du überhaupt schon Augen? Wann
warste denn zuhause? Waann? Ist ja voll krass und
endgeil. Was denn, was denn, gleich mitgenommen? Du,
der sah mir aber sehr verheiratet aus. Beziehungsgestört,
der? Geh! Natürlich keinen Kaffee, aber deinen guten
Whiskey, hoffentlich die angefangene Flasche. Und?
Echt? Langsam, langsam: du hast angefangen? Watten dat
für´n Trickser? Wie ist er aus der Hose...ohne sich zu
verheddern? Und du glaubst, das sowas Zufall ist?...Waas?
Sag das nochmal: Taangaa?? Der auch?? Ih, die
verzuppeln sich doch immer so. Was heißt; bei dir nicht.
Bei mir ja wohl auch nicht. Ich jedenfalls... na höre mal,
was ich morgens in meinen Spiegels habe, kann sich wohl
sehen lassen...
Bommelmann nickt zustimmend. Sein Glas ist schon eine
Weile leer, aber jetzt Nachschub holen gehen?
Andererseits, wenn Trude rauskäme... Erledigt. Die
Stimme hinter der drittübernächsten Trennwand fängt an
zu lachen, kriegt sich fast nicht wieder ein. Wie blöd bist
du denn... so blöd kann man doch garnicht... du hattest

kein... Mensch, wozu sind Automaten im Klo... sag bloß
du hast trotzdem mit dem Kerl ...Ach, komm, Hundeblick,
das lernen die schon im Kreißsaal. Um solche Plüschis wie
dich weichzuglotzen. Und dann? Yippi ah hee, und du
dummes Huhn fällst und außerdem auf diesen Trick
rein....Also höre mal, schließlich bin ich die Ältere, da
kann ich doch wohl mal was sagen...ACH DU
SCHEISSE! ACH DU HEILIGE SCHEISSE!!
Nee, jetzt meine ich ausnahmsweise mal mich selbst. Oh
Gottogottogott. Weißte, was mir eben eingefallen ist?
Kannst du dich an die Vernissage erinnern... Mensch,
diese Ausstellungseröffnung vor zwei Wochen? Richtig,
der. NAJA!
Na und, fass dir bitte an deine eigene Nase!
Sag mal, hast du eigentlich noch solche Testdinger im
Haus? Nicht vor zwei, okeh, ich komme dann mal
vorsichtshalber rum. Bis denn! Ciao!

Aus, Ende, nur noch ein Seufzer. Das Telefon klackt, die
Dame begeht ihren Garten. Hallo, Herr Nachbar, hab Sie
gar nicht gesehen, sind Sie schon lange draußen?
Och nee, sagt Bommelmann, zieht die Jogginghose hoch
und den Bauch ein. Ich bin eben erst gekommen.
Hoffentlich sieht jetzt keiner, wie spannend der
Lauschangriff war.

März 2000

Alle Jahre wieder ...

Es gibt solche Geschichten, die machen sich nichts aus den Zeitläuften. Sie kehren wieder, gleichgültig, welche herrschende Meinung gerade die Öffentlichkeit beschäftigt, um sie auf ihre Seite zu ziehen. Neudeutsch sind das live-storys. Und wenn sie oft genug erzählt werden, geraten sie vielleicht sogar ins Fernsehen. Eine Betroffenheitsmoderatorin nimmt sich ihrer an und sucht die verlässlichen Zeugen für den garantierten Wahrheitsgehalt ins rechte Licht zu setzen.
Das wird dieser Geschichte hier kaum wiederfahren.
Sie passiert alle Jahre wieder.
Zum Beispiel Bommelmann.
Der kann das vorweihnachtliche Lied singen.
Mit zuckersüßer Stimme verkündet Frau Bommelmann, dass es an der Zeit wäre, sich um die Hallelujah-Staude zu kümmern. Gleichzeitig seufzt sie ihren alljährlichen schweren Kummer heraus. Bring aber bitte, bitte, nicht wieder so einen kümmerlichen Reisigbesen angeschleppt. Nimm dir mal ein Beispiel an Kruschke aus der Neunundsechzig. Bilderbuch-Weihnachtsbäume, sag ich dir, nicht so eine Weight-Watcher-Variante ... Und die Nadeln halten angeblich bis nach Ostern.
Warum holst du die Jubelstaude eigentlich nicht selbst, hatte Bommelmann vor Jahren in einem Anflug von Widersetzlichkeit gefragt. Na, da war er schön aufgelaufen! Dann wirst du also die Gans braten und den Weihnachtsputz erledigen und die Geschenke besorgen und einpacken und...
Wie wäre es denn mit so einer Versandhaus-Tanne, wagte Bommelmann sich noch einmal vor.

Na, das wäre ja wohl das Letzte! Du bekommst es fertig, uns so ein Polyvenilchloridersatzprodukt...Denkst du manchmal auch an das Ozonloch, du Umweltganove?!
Ist ja schon gut, hatte Brommelmann gebrummelt und war losgezogen. Alle Jahre wieder. Auch der Spott der lieben versammelten Familie.
Fest der Freude.
Von wegen! Stress-Fest, das schon eher.
Frag doch einfach mal den Kruschke... schlug Frau Bommelmann scheinheilig vor.
Kruschke trank Helles, damit der Korn besser rutschte. Als die Mitrechnung von Bommelmann ergab, dass die von ihm im Stillen festgesetzte Summe von zwanzig Mark für die Information erreicht wäre, fragte er präzise.
Meiner? lallte Kruschke, immer direkt vonne Quelle. Also aus´n Wald. Kiefer, da finnd´ste die ollen Nadeln hinterher besser.
Bommelmann bedankte sich für den preiswerten Tipp und rüstete auf.
Eine Axt mit verchromtem Klappgriff aus dem XY-Baumarkt. Ein doppelwandiger Plastesack. Und eine neue Teleskopleine für Waldi.
Waldi ist der Stolz von Frau Bommelmann. Als die Kinder aus dem Haus waren, hat sie sich den Rasse-Edel-Dackel von Frau Breisig-Koslowski aufschwatzen lassen. Das enthob sie der Mühe, Bommelmann direkt zu belöffeln. Wenn der am Frühstückstisch krümelte, dann hieß es: Waldi, nun sieh dir mal unser Herrchen an. Mümmelt, als hätte er seine Zähne vergessen. Wenn Erwin Bommelmann aus Versehen seine Zigarre im Wohnzimmer anzündete, bevor er in seine Raucherecke auf dem Balkon verschwand, hieß es: Waldi komm her, sonst bekommst du noch die Staupe von dem ollen Qualm. Nahm Erwin sich in einem Anflug von Großmut die Leine vom Haken, um Waldi auf die ziemlich breit geratene

Gasse zu führen, tönte es garantiert aus der Küche: Waldi, pass schön auf, dass Herrchen nicht in die Männerfalle stolpert.

Und tatsächlich, der Köter knurrte und sträubte sich vor der Kneipentür, so dass Bommelmann jedesmal die Lust verlor, sich von den Stammtischbrüdern obendrein noch auslachen zu lassen.

Diesmal musste Waldi mit. Eine harmlosere Tarnung für den finsteren Plan gab es nicht.

Am Samstag vor Heiligabend startete Bommelmann das Unternehmen "Boom".

Mit Waldi, Sack und Klappaxt fuhr er gutgelaunt zum Stadtwald hinaus. Herrliches Wetter, keine Seele weit und breit, dafür Bäume massenhaft. Eingedenk der Mahnung, nicht den ersten besten Krüppel zu bringen, machte sich Bommelmann auf die Suche. Merkte sich hier ein Bäumchen, sah dort ein schöneres, pfiff beim dritten anerkennend durch die Zähne. Waldi genoss die völlig unerwartete Leinenfreiheit und strolchte stöbernd durch das Unterholz. Irgendwie roch es nach Karnickel. Nach einer halben Stunde stand Erwin Bommelmann wieder vor der Nummer drei, betrachtete das Bäumchen noch einmal von allen Seiten und sprach ihm die Krone zu. Dann nestelte er die Axt aus dem Futteral, klappte sie in den Betriebszustand, pfiff nach dem schon wieder abgängigen Hunde und bückte sich.

Zum ersten Axtstreich kam es jedoch nicht.

Hinter Bommelmann hatte sich ein in Loden gekleideter, bewaffneter Zweizentnermann aufgebaut. Der räusperte sich nun vernehmlich.

Was wird denn das hier, wenn es fertig ist, heischte der unschwer als Waldchef zu erkennende Grünrock zu wissen.

Och, eh .. stammelte Bommelmann und fasste sich dann.

Die Sache ist die und der Umstand der, kurz und gut, der Hund ist in die Jahre gekommen, da bat mich meine Frau, und die Rente reicht ja nicht für den Tierarzt, und nun will ich ihm hier den Gnadenstoß...

Guter Mann, das ist doch Tierquälerei, was Sie da mit Ihrem Klapperbeilchen vorhaben. Wenn Sie nun nicht gleich mit dem ersten Schlag treffen. Seien Sie nur froh, dass Sie mich getroffen haben. Treten Sie mal drei Schritt zurück, ich helfe Ihnen aus der Verlegenheit...

Unter diesen Worten langte der Forstmann die Büchse von der Schulter. Anlegen und Abdrücken waren eins.

Der Schuss peitschte durch die Waldesstille.

Waldi fiel um und der arme Bommelmann stand wie erstarrt.

Alles aus und vorbei!!

Bommelmann versuchte mühsam, sich einzukriegen. Kein Baum, kein Waldi, wie sollte er das zu Hause erklären ... Eigentlich konnte er ab sofort in seinem Plastesack unter einer Brücke wohnen.

Er kam erst zu sich, als ihm der Förster die Leine in die Hand drückte. Lassen Sie sich hier nicht wieder blicken. Und du bring dein Herrchen nach Hause! befal er dem seltsamerweise wieder auferstandenen Waldi. Der hatte sich von dem Knall tatsächlich eher erholt, als Bommelmann.

Seither gehört Erwin Bommelmann für seine Stammtischbrüder zu den bewundernswerten Machos, die sich durchsetzen. Sogar gegen die eigene Frau. Erwin ist nämlich verständlicherweise doch noch zu den fanatischen Befürwortern des immergrünen Plastikweihnachtsbaumes übergetreten.und muss nur noch alle drei Jahre neues Kiefern-Duft-Spray besorgen.

1995

Dit und dat mit Unterschrift

Zu einem kalendarisch verdächtigen Termin vermeldet
eine Gazette im nicht gerade ulkverwöhnten Meck-Pomm
unter der Rubrik "Dit und dat", also relativ versteckt, dass
ein amerikanischer Millionär die ehemaligen Trabant-
Werke in Ruß-Zwicke für´n Appel und ´n Ei aufgekauft
hat, um sie wieder flott zu kriegen. Der gute alte Trabi
solle weiter produziert werden. Denn der Ami hat
feststellen lassen, dass es in der Bevölkerung Fünflands
noch eine Unmenge von Trabant-Anmeldungen gibt. Auf
der grauen Klappkarte vom IFA-Automobilvertrieb. Mit
Adresse, Stempel und Unterschrift. Also rechtsgültig im
Sinne des bürgerlichen Gesetzbuches. Ergo ein
schriftlicher Liefervertrag. Und der solle nun eingehalten
werden. Die Produktion habe schon begonnen, die
Schaffung einiger tausend Arbeitsplätze stützt
fördermittelmäßig den wahnwitzig klingenden Plan.
Auslieferungsbeginn am 1. Juli. Empfohlener Richtpreis
ab Werk 9.999,99 Deutschmark. Inklusive
Mehrwertsteuer. Kleiner Aufschlag für den einzigen in
Serie gebauten Oldtimer. Seppvaständlich Viertakt und
Kat. Dazu den neuesten intelligenten Pneumant-Pneu.
Pfeift glatt bei Glatteis.
Sollte jemand auf die Idee kommen, vom Vertrag
zurückzutreten, bitteschön, auch möglich. Natürlich muss
man dann mit einer Vertragsstrafe rechnen.
Verhältnismäßig großzügig. Nur 6.666,- DM. Plus
Mehrwertsteuer. Etwa unter der alten Adresse nicht
auffindbare Vertragspartner werden mit Hilfe der
Behörden selbst in Feuerland aufgespürt und zur

Vertragstreue angehalten. Wir sagen mal, davon kann man mal ausgehn, dass wir die Gesetze ein Stück weit kennen. Also, liebe Besteller, entschuldigt die Verzögerung und wartet auf die Aufforderung zur Abholung. Auslieferung über die Filialen der Wolfsburger Konzernmutti. Die Anmeldung ist selbstverständlich übertragbar. Eine Hotline für eventuelle Fragen und Infos ist eingerichtet....
Die Telefone klingeln, der Redaktion klingen nach zwei Stunden die Ohren so super tinitusmäßig, dass sie für das zerknirschte Dementi des üblen April-Scherzes die wertvolle Werbeminutenzeit des überregionalen Fernsehsenders kaufen muss, um das Strelitz-Putbus-Grambauer-Volk zu beruhigen. Das gelingt lange nicht. Welch ein Glück, dass bald Koalitionsrangeleien anstehen. So hegt man Hoffnung auf Verdrängung des Misstrauens in die anderen "dit und dat"-Meldungen
Man male sich das aus.
Die Meldung wäre einen April vor der Wende erschienen. Die betreffende Zeitung hätte nicht vom Markt wettbewerbt werden müssen, sie wäre sputnikähnlich eingestampft worden. Und die veranwortlichen Genossen gleich dazu.
Nun sage noch einer etwas gegen die Pressfreiheit hierzulande, möchte man den ewig gestrigen Ostalgikern zurufen.
Alles, aber auch alles ist jetzt erlaubt. Sogar die Verarschung unserer früher so geschätzten Urlaubsgastgeber und Fischversorger im Land der tausend Seen.
Zeiten sind dies.
Da vergeht einem doch dit und dat.
Übrigens. die Vormerkung würde ich noch nicht wegwerfen. Man kann ja nie wissen...Falls doch noch einer auf die Idee kommt ...
Mai 1996

Blickwinkel

Falls Sie als Tourist oder Besucher in der Hauptstadt aller Brandenburger eine Auskunft benötigen, vielleicht anlässlich der neuerdings zahlreichen Kongresse, fragen Sie am besten einen Einheimischen.
Wie man den erkennt?
Ganz einfach! Einen echten Potsdamer erkennt man im Straßenbild der denkmalgeschützten, barocken Innenstadt am gesenkten Blick.
Damit das klar ist: die Ursache ist nicht etwa in besonderer Demut und Untertänigkeit gegenüber der Obrigkeit oder der ehrfurchtsvollen Scheu vor den touristischen Besuchern aus aller Welt - einschließlich Billy-Boy, dem Praktikantenschreck - oder gar in der Scham wegen gehabter und verpasster Chancen der Weltläufigkeit durch freiwillige Hingabe an die benachbarte Metropole oder in der den ver-osteten Landeskindern eigentümlichen Bescheidenheit zu suchen.
Der Grund ist profaner.
Es ist die allgegenwärtige Hundekacke.

Mai 1996

Aus der Chronik des Widerstandes

Die Zaunkönige von Hinterletzt

Waren das noch Zeiten, wo Blume mit H und Widerstand mit IE geschrieben werden durften. Zur Tarnung natürlich. Um nicht allzu intellektuell aufzufallen im Arbeiter- und Bauernstaat. Ach, was wurden Staat und "Firma" für Schnippchen geschlagen von den pfiffigen Bürgern und Widerständlern, die sich ihre Rosinen aus dem reichhaltigen, sozialistischen Kuchen polkten. Selbst in der entlegensten Gegend war man darauf bedacht, aus den landestypischen Gepflogenheiten mehr herauszuholen und das bröselnde, ökonomische Gefüge auf diese hinterlistige Weise für den Absturz vorzubereiten. Mitten in dem amorphen weißen Fleck auf der Landkarte des äußersten Nordostens, liebevoll-spöttisch "Taiga" genannt, liegt zum Beispiel Hinterletzt (Namen aus Gründen der treuhänderischen Nachwäsche geändert, aber im Klartext wohlbekannt). Nun war es, dies zur Erklärung für alle später Zugereisten, in diesen Gegenden nicht nur der Fuchs, der zum Gute-Nacht-Sagen durch die Kiefernwälder zum Gevatter Hasen schnürte. Und es geschah auch überhaupt nicht ein bisschen lautlos, sondern durchaus begleitet von martialischem Motorenlärm, wenn die dort oben geschickt versteckten Landesverteidiger die allzu ruhige Gegend ein wenig aufschreckten. War ja niemand da, der sich beschweren oder gar eine neuerdings moderne Volks- und Bürgerinitiative anzetteln wollte.

Außerdem hatte man sich nach ersten schüchternen Versuchen des Protestes mit dieser Art Belebung der tristen Taiganächte abgefunden und auf möglichst gewinnbringende Art arrangiert.

Soviel zur historischen Erklärung.

Jetzt zum konkreten Beispiel.

Hinterletzt. Klarname, wie gesagt, bekannt.

Die Straße nach H. war alles andere, aber nicht das, was man sich darunter vorstellt. Bei Licht besehen war sie eigentlich nur ein Saumpfad, eine Aneinanderreihung von Wasserlöchern, spärlich verbunden durch aufgeweichte Sandinseln. Garniert mit dem allerorts typischen prägermanischen Katzenkopfpflaster i.A., in Auflösung. Respektlose redeten unwidersprochen von mittelalterlichen Verkehrsverhältnissen. Von Teststrecken für Fahrgestell und Achtersteven. Meckerer und Volksverhetzer sprachen von unhaltbaren Versuchen, die Gegend von der Außenwelt zu isolieren. Die Postfrau sprach, noch deutlicher, von natürlicher Schwangerschaftsverhütung und rezeptfreier Abtreibung. Da konnte es gar nicht ausbleiben, dass schließlich die Ortsverbindung nach Hinterletzt überhaupt nur noch von den Härtesten der Harten genutzt wurde, von den Panzertruppen. Und weil die vorwiegend die Nacht zum Wandertage machten, mussten sie das ganze Elend nicht sehen, sondern nur mit dem Arsche erfühlen, soweit er sensibel genug geblieben war im rauhen Armeealltag. So hielt sich das Mitleid in Grenzen. Da die stählernen Kolosse kriegstechnisch Spitze aber lichttechnisch unterentwickelt waren, konnten die Dompteure nicht einmal den grimmigen Widerstand bemerken, der ihnen bei jedem nächtlichen Ausflug entgegenwaberte. Die wenigen Bewohner standen, mehr oder weniger geschickt verborgen, hinter ihren Hoftoren und Stubenfenstern, und drohten ihren nächtlichen Peinigern mit den in der

Hosentasche geballten Fäusten. Einmal soll einer im Schlafanzug vor die Hoftür getreten sein, trotzig in stummem Protest den Zeigefinger an die Stirne führend. Da hatten sich die rüden Störenfriede sogar noch einen Spaß daraus gemacht, den Ärmsten zu Tode zu erschrecken. Sie richteten das Kanonenrohr auf den Widersacher und ließen den Motor im Leerlauf aufjaulen. Wer wäre da nicht spornstreichs ins schützende Gehäuse zurückgesprungen!

Was Wunder, dass auch dieser Herr sprach: Na warte, mein ist die Rache.

Und der Tag, respektive die Nacht, kam. Langsam mahlen die Mühlen der Gerechtigkeit, aber sie mahlen!

Eines Nachts, der Mond schien hell, kam eines der gepanzerten Untiere mangels einer modernen, servogestützten Lenkung mit der Kurve in der Dorfavenue nicht zurande und zermalmte den nächststehenden ortsüblichen Staketenzaun derart zu Brennholz, dass sogar die Holzböcke mit den Zähnen knirschten.

Das war ja nun aber doch zuviel!

Der Pfarrer, der einmal im Monat seine versprengte Herde zum Trostspenden besuchte, half uneigennützig und schriftgewaltig. Eine Beschwerde an den Taigakommandanten wurde aufgesetzt und in artigen Formulierungen bat das getroffene Zaunbäuerlein um geflissentliche Kenntnisnahme des Schadensfalles und um Ersatzleistung. Standen Volkswahlen vor der Tür, fürchtete man sich höherenorts vor einem dramatischen Absinken der Wahlbeteiligung auf vielleicht unerklärliche 99,89 % oder war es einfach nur das Bestreben, die kochende Volksseele durch generöse Beispiele zu beschwichtigen, man weiß es nicht. Jedenfalls wurde der Schaden ersetzt. Umgehend. Ein selbständig wurstelnder Holzhandwerker bekam den Auftrag, einen neuen

landestypischen Zaun anzufertigen und auch gleich wieder
einzuhängen in die verwaisten Pfosten.

Wie gesagt, so getan.

Die Ausflugsroute indes wurde natürlich wegen dieser
Bagatelle nicht geändert. Wochen darauf schreckten also
die Dörfler wieder einmal hoch, als sich die Kolosse durch
die Nacht schoben. Am Morgen danach konnte man
durchatmend feststellen: diesmal kein Flurschaden. Tja
aber...Warum eigentlich nicht? Gab es nicht noch einige
Zäune im Kaff, die marode genug waren, um getroffen zu
werden? Die geradezu nach der zermalmenden Wucht der
Ketten schrieen?

Wer die zündende Idee hatte, lässt die Chronik offen. Am
Nachmittag hing jedenfalls am Gehöft in der Kurve ein
erbarmungswürdiges Zaunfragment, frisch gesplittert und
zerpulvert.

Da der Brief an den Allgewaltigen Verantwortungsträger
in der Urschrift noch vorlag, musste man nur das Datum
ändern. Und, oh Wunder, es klappte auch diesmal. Der
neuerliche Schaden wurde ebenfalls reguliert. Auf Kosten
des Steuerzahlers, na freilich, aber der war auch früher
schon anonym. Und lebte er nicht auch in Hinterletzt
(Name geändert, aber das wissen wir ja)?

Kurz, es dauerte zwar ein und ein halbes Jahr, aber dann
gab es im Dorf keinen maroden Zaun mehr und man
konnte unter der Hand den Nachbarorten eine gefällige
Dienstleistung anbieten. Vorausgesetzt, das Baumuster
stimmte.

So, und nicht anders, trugen die Bauern von Hinterletzt
(Name undsoweiter) zum stummen Widerstand bei, wenn
ihre neuen Zäune wieder standen. So und nicht anders
wurden die Unsummen von Alu-Chips umgelenkt, die den
Militärs zum Verbraten zur Verfügung standen.

Die bittere Moral der Geschichte, das gebietet die
Chronistenpflicht, soll nicht verschwiegen werden. Als die

NEUMAW, die neue Marktwirtschaft, ihren Fuß zögerlich auf den zerfurchten Boden von Hinterletzt stellte, kam ihr auch der selbständige Holzwurm unter. Im wahrsten Wortsinne. Der, nun endlich zu Höherem berufen, war durch sein stupides Tagewerk im vorigen Leben so ungeübt in handwerklichen Schnurrpfeifereien, dass er sich den neuen Bedürfnissen nach feinerem Holzwerk nicht mehr anpassen konnte. Und so stand er noch Monate nach dem Umbruch in seiner vorsintflutlichen Werkstatt und baute, natürlich am Bedarf vorbei, Zäune, Zäune, Zäune ...

März 1995

Der Geheimtipp

Ob der Begriff vom "Leseland" alle historischen Aufarbeitungen ohne Schaden überstehen wird, bleibt abzuwarten. Skepsis könnte nicht schaden. Aber vielleicht kann eine kleine grüblerische Anfrage die Diskussion in eine andere Richtung lenken?
Warum spricht eigentlich niemand von einem Druckerland?
Denn gedruckt, sehr verehrte Herrschaften Literaturhistoriker, gedruckt wurde im vorigen Leben hierzulande mehr, als auf die berühmte Kuhhaut passt. Ja doch, sie haben recht: gelesen wurde nicht unbedingt von der ersten bis zur letzten Zeile, was an Broschüren und Druckschriften über die gesellschaftlichen Verteiler breitgestreut wurde. Wer schmökerte schon in den

Broschüren der Gewerkschaften und zahllosen Massenorganisationen, die teilweise sorgfältig gebündelt geliefert und genau so sorgfältig paketiert wieder zum Altpapier gegeben wurden. Mit dem Originalfaden verschnürt. Wer hätte sie zählen können, die wegweisenden Schriften für das Parteilehrjahr, die für den Spottpreis von einer Alu-Mark erworben und dann gehortet wurden, weil man die ja schlecht zum Altpapier geben konnte, ohne dem einen oder anderen nachdenklichen Menschen aufzufallen.Wer traute sich schon öffentlich zuzugeben, dass er anstelle der Geschichte der Arbeiterbewegung in zwölf Bänden klammheimlich ein dreibändiges Lexikon für etwa den gleichen Preis in der Kreisbuchhandlung bestellt und erworben hatte. Falls jemand noch sucht: hier sind sie, die Keime des geheimen Widerstandes, die Wurzeln des stummen Aufschreies, die Grundlagen der gewaltlosen Revolution, die Steckkissen zersetzender Gedankengänge! Sei es drum, gedruckt wurde. Und so bekam auch eine Chance, wer auf dem Bitterfelder Weg seine Allzweck-Alltagslyrik oder Allwetterprosa als realistisches Abbild der geplanten Wirklichkeit im Schaufenster einer Buchhandlung erblicken wollte. Ein unbeschreiblich erhebendes Gefühl, den wohlbekannten Schutzumschlag neben den Werken der anderen Weltliteratur zu erblicken. Ein erhebendes Gefühl, unerkannt und versonnen das Kind eigener Geistesarbeit zu betrachten. Tragisch nur, dass die neben dem Genie stehenden Gaffer im Regelfall nicht begriffen, welche Chance für ein authentisches Autorenautogramm, ein sogenanntes Autograph, sie soeben verpassten.
Das passierte, wenn es ganz dumm kam, sogar im befreundeten Ausland. Das nationale Kulturerbe wurde schließlich dank der ihm zuteil werdenden Förderung breit gestreut. Und so war es kein Problem, im asiatischen

Taschkent oder im europäischen Tallin die Umwelt mit einem Ausruf der freudigen Überraschung zu konfrontieren. Seht doch bloß mal, sie haben hier tatsächlich noch meinen (folgt der eigene, auf den Weltruhm lauernde Buchtitel) zu stehen. Ist das nicht wundervoll? Auf diesen menschlich durchaus verständlichen und werbewirksamen Aufschrei drehten sich natürlich die deutschsprachigen Kunden des erstaunlicherweise auch mit Indexliteratur gut bestückten Buchladens erst einmal verstohlen um. Das war also der, wie hieß der gleich, aha, noch nie gehört, kanntest du den? Verschämtes Blättern zum ganz hinten vermerkten Preis. Dunnerkiel, nur 85 Kopeken? Mal wieviel? Mal dreikommadrei. Um drei Mark also. Naja, bei aller Förderung der Volksbildung, das wird wohl nichts Besonderes sein. Gelangweilt stellt der kurzzeitige Interessent das Werkchen zurück ins Regal. Und auch er hat seine Chance verpasst.
Die Variante zwei lässt sich besser an. In Tallin (oder heute doch schon wieder Reval? Das wechselt jetzt, so schnell kann man die Landkarten gar nicht ändern!) hatten sie inmitten der steingewordenen Geschichte in der Altstadt einen riesigen Buchladen. Der unentdeckte Autor schlenderte die deutschsprachigen Regalreihen entlang und entdeckte sich tatsächlich. Auf dem alphabetisch völlig unlogischen Bord fast unter der Decke. Die Verkäuferin, die viel lieber Fragen nach dem hier wohlbekannten, aber in den Deutschländern offenkundig in Vergessenheit geratenen Paul Flemming beantworten würde in ihrem bernsteinwogenrollenden Deutsch, kann den Wunsch erst gar nicht fassen. Wirklich alle fünf Exemplare des schon ewig da oben stehenden Werkchens? Sie wird doch wohl richtig verstanden haben? Seufzend hangelt sie leiterwärts nach dem Verlangten, schlägt die Partie in den obligaten störrischen Packpapierbogen,

kassiert den Obolus und beugt sich dann zum Kunden,
verschwörerisch auf das Paket deutend. Will sie vielleicht
doch ein Autogramm? Endlich jemand, der ein Auge fürs
gehobene Talent hat? Die Hand des zum Outen bereiten
Autors zuckt zur Brusttasche, greift nach dem
Kugelschreiber und bleibt auf halbem Wege stecken. Was
hat sie gefragt?
Dissident??
Was sollte sie denn sonst fragen, im zweiten Jahre der
Perestroika Gorbatschows, wenn einer gleich fünf
Schwarten eines völlig unbekannten ostgermanischen
Pißatels mit einem Schlage vom Regal holen ließ!

1994

Wer ist wo?

Fünfzig Jahre voriges Leben, da traf Kollege Unsereins
eine Menge Volkes. Kein Problem, waren ja nur noch
knapp über sechzehn Millionen, die hinter der Mauer
herumkreiselten. Die mussten sich doch zwangsläufig
immer mal wieder begegnen. Das hatte ja auch Vorteile.
Jeden konnte man nicht gebrauchen in der Bekanntschaft.
Aber viele. Kamen allerhand Händepaare zusammen, die
sich gegenseitig vorteilhaft waschen ließen.
Konkret wird es immer am Beispiel.
Der ehemalige Pauker wurde eines Tages Direx, später
Stadtschulrat. Als er die Delegation des Ältesten zur
Oberschule unterschrieb, muss ihm der Name bekannt
vorgekommen sein.

Der Werkstattmeister machte sich selbständig. Abgesehen von den kurzfristigen Reparaturterminen, die man mit einer zur Reithose umfunktionierten, nagelneuen Stiefelhose gefestigt hatte, bekam der Sohn eines guten Bekannten eine Lehrstelle im Kraftfahrzeuggewerbe. Die Blumenladenbesitzerin versuchte sich im Karneval als Büttenrednerin. Und bekam selbstverständlich eine hübsch anzügliche Rede auf den dekorativen Leib geschrieben. Da genügte vor dem Frauentag ein Anruf, und zehn kleine Angebinde waren außerhalb der Ladenzeit abholbereit. Eines davon bekam wiederum jene Verkäuferin, die über den weihnachtlichen Rollschinken verfügte. Wozu kannte man einen Fahrlehrer, wenn Mangel an einem Wartburg-Erstzteil war. Der Mensch kam schließlich weit herum und kannte seinerseits Gott und die Welt. Sollte er doch ruhig am Wochenende mal mit zwei freiwilligen Fahrschülern einen Brunnenring aus Beton in seine Laubenkolonie karren. Das Auto fuhr ja sowieso meistens leer durch die Gegend. Warum sollte man dem ein wenig legasthenischen Gurkenhaus-Chef der Gemüse-LPG nicht bei seinem Meisterlehrgang den hochpolitischen A-Teil hilfsbereit und streng vertraulich vorfertigen. Gurken und Tomaten im April konnte schließlich nicht jeder seinen lieben Verwandten präsentieren. Mitunter war das Angebinde sogar hilfreich bei der Beschaffung von Kabarett-Karten für die "Diestel". Und für Frühkirschen im Fünf-Kilo-Korb bekam man unter Umständen sogar ein Original-Fläschchen Meißner Landwein, direkt aus dem Schloss Wackerbarth.

Ach ja, die Bekannten aus dem vorigen Leben. Sogar Prominente waren darunter. Na gut, die werden sich nicht so erinnern, wie Unsereins. Der Schwiegersohn des Großen Dramatikers zum Beispiel, der wohnte bei seinem ersten Engagement in Frankfurt/Oder vis-a-vis, daneben die Frau Mütterlich. Bekannt von Bühne, Funk und

Fernsehen. Die Arbeitsgemeinschaft Kabarett wurde betreut von einem Herrn, der war Buffo am Kleist-Theater, fuhr mit einem Pitty aus Ludwigsfelde auf die Bühne und dachte noch nicht daran, dereinst der Partner von Herrn Preil zu werden. Der unter seiner Anleitung in der Arbeitsgemeinschaft Kabarett von den Eleven der heiteren Muse zu übende Satz lautete: Sind Sie bestellt? Wenn nicht, dann... Ein wichtiger Satz im vorigen Leben. Um die Ecke herum wohnte eine knackige Zopf-Marie, die in einem der DEFA-Lustspiele Junges Gemüse darstellte. Mit einem Kulturminister war man zusammen abgelichtet worden, mit einem Hochschulminister hatte man bei einem hochkarätigen Empfang in der Klosterstraße ein Glas im Stehen geleert, derweil die zivil verkleideten Jungs eines Klangkörpers aus der Magdalenenstraße hingebungsvoll musizierten. Nationalpreisträger und Ärzte, Professoren und Sportler, Apfelpapst und Malersmann, alles freundliche Gesprächspartner. Im Hauptmann-Haus auf Hiddensee saß man neben dem andächtig lauschenden Keller-Kind eines einflussreichen wenn auch übel beleumdeten Ferhsehkanalarbeiters. Nicht wichtig? Aha, und wie kam man zu einem Urlaubsquartier auf der Insel der Nackten? Sogar im Ausland traf man sich. Einen Bekannten zum Exempel auf einem Restaurant-Dampfer in Leningrad. In Begleitung seiner Lehrerin für Umgangssprachliches. Die Poliklinik- Zahnärztin in Begleitung eines jungen Zahntechnikers in Taschkent. Einen nach Kiel verzogenen Klassenkameraden auf dem Hotelflur in Moskau. Zufällig, das ist die reine Wahrheit. Wahr ist auch, dass die Kunde davon eher zu Hause war, als man selbst. Was solls, es war jedenfalls interessant. Und wieder andere Prominente am Wege: Den ehemaligen Maschinisten von der "Aurora", der sich zum Fotografieren neben die berühmte Kanone stellte, den afghanischen Landwirtschaftsminister, den man in Tblissi - oder war es Alma Ata - unter den Restauranttisch geprostet hatte, oder, wieder aus heimischen Gefilden, den renitenten Kinderbuchautor, der später vor laufenden Kameras sein Unbehagen über den Staat, in dem er lebte, kundtat.

Ist es bei so ein paar Hanseln Bevölkerung des an zehnter Weltstelle rangierenden Industriestaates (alter Insider-Witz: die drei größten Länder der Erde fangen mit U an, UdSSR, USA und Unse Repeblik) ein Wunder, dass man heute jeden zweiten staatsnah nennen kann? Wieviele Feierstunden, wo man die Bezirksprominenz von ihrer leutseligen Seite kennenlernte, wieviele Auszeichnungen mit Triumpfblechen, wo man in allerhöchsten Kreisen angeprostet wurde...

Und nun, hier und heute?

Es war einmal!

Nichts geblieben außer den drei wohlbekannten Maximen: Das haben wir noch nie so gemacht, das haben wir schon immer so gemacht, wen geht denn das was an?

Es ging seinen sozialistischen Gang.

Kein Lamento bitte, ihr könnt froh sein, dass man euch nicht eingesperrt hat, so dicht wie ihr an den staatstragenden Säulen gelehnt habt.

Positives Denken ist angesagt.

Ärmel hoch und loslegen, am besten mit der Selbständigkeit.

Kredite sind da, um ausgereicht zu werden.

Konkursverwalter und Gerichtsvollzieher, um die Knete notfalls wieder einzutreiben.

Eine Kleinigkeit ist zu beachten. Benennen Sie bitte jemanden, der Sie kennt, und der notfalls für Sie bürgen würde. Das wäre sehr hilfreich und dürfte Ihnen nicht schwer fallen. Sie behaupten doch immer, Sie stünden mit Hinz und Kunz auf vertrautem Fuß.

Müssten natürlich kapitalkräftige Leute sein, die man
kennt!
Alt-Promis, ich kenne euch, aber wo seid ihr!
Nichts zu machen. Alle mit sich selbst beschäftigt.
Anders gesagt: Man kannte die falschen Leute.
Und ist möglicherweise auch noch stolz darauf!

Februar 1995

Märchenstunde

Ist noch gar nicht so lange her, da mussten die Tiere des
Blechgroschenwaldes wegen erheblicher Umbauten, die
aufgrund von Fehlspekulationen einiger Leittiere
notwendig geworden waren, ihr Stammdomizil fluchtartig
verlassen und sich ein anderes Plätzchen zum Überleben
suchen. Wie immer gab es ein paar ganz schlaue, große
Tiere. Die waren dafür, dass man versuchen sollte, im
Leithirsch-Freizeit-Park unterzukommen. Der Weg dahin
wäre zwar etwas beschwerlich, aber mit vereinten Kräften
würde man es schon schaffen. Und wenn man davon
absah, dass es ein paar Verluste geben würde - Abfall ist
schließlich unvermeidbar, wenn gehobelt wird - dann wäre
die Sache relativ risikolos und in ein paar Jahren nur noch
den ältesten Waldbewohnern im Gedächtnis. Gesagt,
getan, unter der Führung eines bis dahin völlig
unbekannten Nacktfrosches mit dem schönen Namen
Dümmes trabte die Schar los. Vorher hatte sie ein paar
Proberunden nach Feierabend gedreht, um sich gelenkig
zu machen. Dabei wurde auch der Schlachtruf "Wir sind

ein Verein" geübt, der in schwierigen Situationen die Wankelmütigen bei der Stange halten sollte. Er erwies sich als ausgesprochen unnütz, aber soweit sollte man einer Geschichte nicht vorgreifen. Wenn es überhaupt einen Vorgriff gab, dann in Gestalt eines Luchses, der im Blechgroschenwald zwar auch relativ unbekannt war, sich aber bei den Reisevorbereitungen durch allerlei krauses Gedankengut bei einigen Tieren bemerkbar gemacht hatte. Der Luchs also sollte vorprellen bis zum Leithirschterritorium, um einen Vertrag auszuhandeln, der den Blechgroschenwäldlern wenigstens ein Minimum an Überlebenchancen garantieren sollte. Man wusste aus der Waldzeitung und aus dem Buschfunk, daß der Blaublütige Altfuchs dafür seinen besten Strategen "Ein-Stück-weit" als Gegenspieler nominiert hatte. Zu diesem Zeitpunkt waren die Blechgröschner aber schon so wild auf den Freizeitpark, dass sie jedem Entwurf eines Paktes zugestimmt hätten, vorausgesetzt, man ließe sie überhaupt in den Park westwärts vom eigenen Gebiet. Wenn man dafür noch den Vorteil bekäme, es den Platzhirschlern bald in ihrer eigenen Münze zu vergelten, war das aller Mühen wert.

Und das waren nicht wenige.

Es ging schon los bei der Formierung des Marschblockes. Da keiner der Alteingesessenen den Weg genau kannte, entschloss man sich von vornherein zu völlig neuem Führungspersonal, von dem man erwartete, daß es viel flexibler und lernfähiger war, als die alten Krippensetzer. Überhaupt, so erhoben sich bald einige Stimmen, überhaupt sollte man überlegen, ob man sich mit den Waldheinis, die die Lebensmitte schon überschritten hatten, nicht zusätzlich belastete. Die fraßen nur Heu und wollten vielleicht noch ein warmes Plätzchen haben. Wer weiß, ob die Plätze für die Jüngeren überhaupt ausreichen würden. Man hatte da so einiges munkeln hören von solchen verdächtigen Weltenbummlertypen, die schon mal die Nasenspitze in das Platzhirschareal gesteckt hatten und gern zurückgekommen waren. Aber das konnten natürlich auch Miesmacher sein, die den anderen nur die Tour vermasseln wollten. Wir wollen uns unser eigenes Bild machen, schrien die Hasen und eine ganze Schar von anderen ängstlichen Kleintieren, lasst uns also positiv denken und losziehen.

Ihr seid euch hoffentlich im Klaren, dass es kein Zurück gibt, sagte der Fuchs. Er war im Gegensatz zu der landläufigen Vorstellung über Füchse klein und trug, auch nicht typisch, eine Steinklopfer-Brille aus dem vorigen Jahrhundert. Ihm verdankten die Reisenden den Vorschlag, die Vergangenheit zugunsten eines Nichtangriffspaktes ruhen zu lassen und sich auf dem beschwerlichen Weg gegenseitig zu helfen. Einer für alle und so weiter. Kennt man ja, gilt immer nur so lange, wie die Starken sich etwas von dieser Art Populismus versprechen. Und so dauerte es auch gar nicht lange, bis sich in der Truppe parteiähnliche Gruppierungen bildeten. Bezeichnenderweise war es der Wühlmausbulle Franz, der plötzlich für die Belange aller kleineren Tiere das Wort an sich riss und den Fuchs heftig kritisierte, wo immer es sich anbot. Die Eule, selbstverständlich der Partei der Überflieger zugehörig, nutzte die Gelegenheit, um sozusagen Hundehaare zu streuen. Sie erinnerte den Mäuserich daran, dass er sich im Blechgroschenwald immer hübsch zurückgehalten hatte. Wenn überhaupt, dann habe er ja wohl nur im Untergrund gewirkt. Daraufhin meldete sich schüchtern der Maulwurf Wölfi und wies die Verdachtsmomente gegen die Unterirdischen leise zurück. Da bot ihm der Dachs spontan seinen breiten Rücken als Zufluchtsort an und half dem begeisterten und dankbaren Wölfi auch gleich noch in den Sattel.

Neben den Parteien gab es interparlamentarische Splittergruppen und natürlich auch ausgesprochene Individualisten. Das Wiesel zum Beispiel nahm den ganzen Vorgang von der heiteren bis albernen Seite und ärgerte damit nicht nur die fleißigen und sparsamen Eichhörnchen. Das mutwillige Tier kümmerte sich nicht um den nächsten Tag, machte Schulden, trank sogar Alkohol, lärmte pietätlos herum und scheute sich nicht einmal davor, anderen Tieren etwas zu klauen. Der Fuchs ahnte, was auf die Truppe zukam, wollte aber die einmal begonnene Bewegung nicht aufhalten. Er überließ Frosch Dümmes die Führung. Der hatte den Weg schon einmal gemacht und galt als kundig. Das lag zwar schon ein paar Jahre zurück und schloss, wie sich bald zeigte, Irrtümer nicht aus. Ein Anlass, den vor allem die Otter zu lautstarken Protesten nutzte. Sie trug besonders schwer an dem Versprechen, ihre natürlichen Futterressourcen nicht anzugreifen. Wahrscheinlich hatte sie sich gerade den Wanst vollgestopft, als man über den Pakt abstimmte. Voller Bauch studiert eben nicht gern und wenn man satt ist, sieht die Welt sowieso immer ganz anders aus.

Was auf dem Marsch in die neue Welt alles passierte, ist unbeschreiblich. Dass man vom Regen in die Traufe kam; dass einige böse baden gingen, andere durch Hinterlist und technischen Fortschritt, zum Beispiel beim Benutzen der Autobahnen, platt gewalzt wurden, sei nur am Rande erwähnt. Dass es selbst bei den gegenseitigen Hilfeleistungen zu Eifersüchteleien kam, war schon bedenklicher. Schlimm wurde es, als der Fuchs für eine Weile abhanden kam und dann plötzlich mit einer roten Füchsin an der Seite wieder bei der Truppe auftauchte. Das Misstrauen drohte die schon uneinigen Parteien noch weiter zu entzweien. Nur mit knapper Mehrheit wurde ein Untersuchungsantrag abgeschmettert, den die Eule eingebracht hatte. Die Sache war von ihr aber auch zu durchsichtig eingefädelt worden. Selbst die Wühl- und Feldmauspartei erkannte, dass es sich bei den Anwürfen um eigene, kaum getarnte Führungsansprüche der Federführenden handelte.

Unnötig zu sagen, dass die Truppe recht dezimiert war, als sie nach langen ermüdenden Gängen und Irrfahrten endlich den Leithirschpark ereichte, selbstverständlich persönlich begrüßt durch den imposanten und offensichtlich übergewichtigen Platzhirsch. Überflüssig zu erklären, daß sich alle Marschteilnehmer nach ein wenig Ruhe und Zeit zum Atemschöpfen sehnten. Aber nichts da, die alten Parkspezis hatten schon ein Anpassungsprogramm vorbereitet, das alle Neuankömmlinge in Bewegung hielt. Alles, was der Luchs mit seinem Gegenspieler ausbaldowert hatte, bedurfte der Erklärung, um es zu verstehen und anzuwenden. Wer von den Blechgroschenwäldlern darauf gehofft hatte, sich in Ruhe ein neues Nest aufzubauen, sah sich einer bösen Hektik ausgeliefert. Nicht nur der Bau neuer Unterkünfte erwies sich durch die Besitzansprüche der Altparkler als schwierig, es gab auch keinen preiswerten Altbau zum unterschlüpfen. Selbst für die nicht benutzten Quartiere verlangten die Altbesitzer horrende Abgaben in Naturalien oder in der Leitparkwährung. So verbrachten die meisten Neuankömmlinge den Winter in Notbehausungen und wagten sich nach den landesüblichen Zurechtweisungen nicht mal auf die Futtersuche. Überall waren Vorschriften und Gebote zu beachten, die vorher niemand gekannt hatte. Vieles war ganz anders, als im Hinterwald. So wunderten sich die Tiermütter sehr darüber, dass es kaum eine Tierkinderstube gab, wo man die lieben Kleinen mal unterbringen konnte, wenn man selbst auf Futtersuche ging. Kein Wunder, dass nach den ersten Fehlschlägen und Irrtümern nach dem Fuchs gerufen wurde. Der sollte sich mit dem Parkboss über Klauseln verständigen, die der Luchs entweder übersehen oder gar nicht erst zur Sprache gebracht hatte. Er selbst war im Leithirschpark gleich mit einer wichtigen Aufgabe betraut worden und hatte keine Zeit für die Anfragen seiner ehemaligen Gefährten. So kann es gehen, wenn sich jeder plötzlich selbst der Nächste ist und um sein eigenes Fortkommen kümmern muss, ohne dass ihm jemand, wie gewohnt, die Richtung vorgibt. Die einsetzende Verwirrung der Hinterwäldler, wie die Wanderer von den Ansässigen nicht nur heimlich genannt wurden, war so groß, dass sie sogar begannen, sich gegenseitig zu jagen und, man glaubt es kaum, aufzufressen. Der einst so bewährte Schlachtruf bekam einen völlig neuen Klang und hörte sich nun etwas anders an, etwa so: Wir sind vielleicht ein Verein! Besonders peinlich wurde es, als man dem Frosch nachwies, dass er mal mit einer ziemlich hinterhältigen Spezies von Reptilien konspirativ zusammengearbeitet hatte, die unter dem Vorwand der inneren Ordnung die Waldbewohner in Angst und Schrecken versetzte, ohne sich dafür jemals zu verantworten. Freund Dümmes wurde sofort aus der Führungsriege entlassen und zog sich schmollend in einen kleinen, trüben Tümpel zurück. Die Leithirschparkler kicherten sich eins und zeigten mit den Pfoten auf die desolate Truppe. Aber was sollte man von Hinterwäldlern anderes erwarten, als einen durch und durch maroden Lebensstil. Ärgerlich war nur, dass ein paar der Neuen offensichtlich nicht so dämlich waren, wie man sie gern gehabt hätte. Die durchschauten doch tatsächlich die geistigen Hohlräume hinter den Fassaden und kratzten an ihnen herum. Besonders der rote Fuchs war einigen Altparklern durch seine wohlgesetzten und hartnäckigen Wortattacken ein erheblicher Dorn im Auge. Also begann man ihn zu beobachten und zu diffamieren, um seinen Ruf als kluger Kopf abzubauen. Das gelang zumindest bei den

Wühlmäusen, die sich schnell neue Löcher gegraben hatten, aus denen sie nur ab und zu die Schnauzen steckten, um andere Vorbeikommende giftig anzupfeifen, oder, wenn die in der Unterzahl waren, anzugreifen. Bei den Feldmäusen gab es schon einige Schwierigkeiten, denn die hatten nicht einmal die Genehmigung bekommen, auf die Felder zu laufen. Und, bitte schön, was soll eine Feldmaus ohne Feld sein? Doch nur ein unnützer Fresser. Kein Problem also, wenn der eine oder andere Unnützling auf Nimmerwiedersehen verschwand. Zum Beispiel im Magen des Blaufuchses. Er hatte ihnen anheimgestellt, sich freizukaufen. Aber greif mal einer nackten Maus ins Fell! Also, hatte der Blaue gebellt und mit den buschigen Augenbrauen gezuckt, also dann Naturalsteuer. Springt ihr mir freiwillig in die Schnauze oder muß ich euch erst jagen?

Ganz schlimm war der arme Maulwurf dran. Er war erwischt worden, als er sich ein paar neue Gänge buddeln wollte. Da er aber keine Arbeitserlaubnis hatte und nun wohl auch nie mehr eine bekommen würde, hatte man ihn dazu verdonnert, den ganzen Tag in der Sonne zu liegen. Welcher Maulwurf hält das schon aus! So kam es, dass sein Freund, der Dachs, für ihn mitarbeiten musste, um dem armen Maulwurf einen erträglichen Lebensabend zu sichern. Da wusste sich der ehemals so fleißige und redliche Maulwurf, der sich ob seiner Nuzlosigkeit schämte, keinen anderen Rat, als sich von einem Greifvogel erbeuten zu lassen. Im Parlament des Leithirschparkes erwog man daraufhin, ob man nicht auf diese Weise noch mehr leidige Probleme lösen könnte. So wogte das Schicksal und das Leben im Park hin und her, hoch und noch mehr runter und bereitete schließlich auch den Nachbarn des Reservats erhebliches Kopfzerbrechen. Was würde geschehen, wenn die Parkbewohner auf die Idee kämen, dass sie im Park selbst viel zu wenig Lebensraum hätten. Einen Zaun gab es nicht und von den Anrainern war wohl niemand in der Lage, einem solchen Bestreben ernsthaft gegenüberzutreten. Sie hatten alle genug eigene Sorgen mit dem Futter und mit ihren Höhlen.

Ja, so sieht es im Leithirsch-Freizeitpark zur Zeit aus und man weiß nicht, wann sich etwas ändern wird. Und das alles nur, weil es so ein paar großen Tieren im Blechgroschenwald eingefallen war, dass man sich ein schönes Leben machen könnte, wenn man die selbstgepflanzten Bäume abholzt und verkauft. Keiner hatte wohl bedacht, dass ein Wald ohne Bäume nicht mehr sehr viel wert ist. Und dass man mit Dilettantismus keine noch so gute Idee verwalten kann, ohne eines Tages damit auf die Schnauze zu fallen. Nun müssen die nächsten Generationen ausbaden, was ihnen die machtgierigen Herdenführer einbrockten. Wer nicht hören will, muss fühlen. Und wem nicht zu raten ist, dem ist auch nicht zu helfen. Man muss sich die angeblich erste Garnitur profilsüchtiger Schlauköpfe eben ganz genau ansehen, bevor man sie zu Leittieren wählt.

Aber es besteht eine schwache Hoffnung. Wenn sie nicht eines Tages ausgestorben sind, dann leben wohl noch in einigen Jahrzehnten Tiere auf der Welt, die sich an den Blechgroschenwald und den beschwerlichen und verlustreichen Marsch ins gelobte Freizeitland erinnern. Wer weiß, ob es so ein Fehler ist, ein gutes Gedächtnis zu haben.

1994

Der gelehrige Rabe

In einem großen Vogelhaus hatte einst auch der Rabe
Unterschlupf und auskömmliches Zubrot gefunden. Dafür
dankte er dem Schöpfer aller Planstellen und pries seine
Vorzüge, wo immer er konnte. Da er gelehrig war und
deutlich zu sprechen gelernt hatte, war es für ihn kein
Problem, alle Welt auf sich aufmerksam zu machen und
seine Position zu festigen. Nun begab sich, dass die
Führung des Vogelhauses, die natürlich auch über den
daran angrenzenden Garten befand, neu bestimmt werden
sollte, denn ihre von allen Haus- und Gartenbewohnern
gesetzte Zeit des Regierens war abgelaufen. Da hob ein
Treiben und Werben an, das die Bewohner ihren
Bestimmern gar nicht mehr zugetraut hatten. Jeder wollte
auf sich und seine wunderbaren Fähigkeiten aufmerksam
machen, um womöglich noch ein Weilchen im großen,
trocknen Vogelhaus verweilen zu können, wo es immer
ausreichend Futter gab. Weil die Zahl der Bewerber die
der Plätze überstieg, wurde mit großer Eindringlichkeit
und mehr oder weniger geschickt die eigene Unfehlbarkeit
herausgestellt. Da der Rabe nicht nur gelehrig sondern
auch pfiffig war, zwitscherte er seine Werbung nicht nur
für sich, sondern auch für andere Rabenvögel im Haus laut
in die Welt. So merkte er gar nicht, dass er damit
allmählich die Nerven der Mitbewerber strapazierte, so
dass sie auf Abhilfe sannen. Man hinterbrachte dem
Raben, dass einer der Konkurrenten der Rabenvögel, ein
Rotkehlchen, wohl kaum zum Regieren tauge. Er habe
einen schwarzen Fleck auf seiner roten Weste, den er mal
gefälligst erklären solle. Da sah der Rabe die Stunde
gekommen, wo er sich selbst ins rechte Licht rücken
konnte. Er behielt die Neuigkeit für sich, bis sich das
Wahlvolk vor dem Stimmlokal, einer alten Futterkrippe,

drängte. Dann trat er hervor und offenbarte, was er schon ein Weilchen gewusst hatte und was ihm nun plötzlich so schwere Gewissensbisse verursachte. Da das Rotkehlchen aber überhaupt keinen Hehl aus seiner Vergangenheit machte und sogar lautstark darauf verweisen konnte, dass dergleichen Fälle nach geltendem Recht immer erst nach Anhören beider Seiten bewertet werden sollten, wurde das Wahlvolk sehr nachdenklich.

Dann entschied es sich.

Das Rotkehlchen bekam viele von den Stimmen, die sich eigentlich der Rabe ausgerechnet hatte.So kam es, dass er leer ausging und obendrein seinen Platz dem Rotkehlchen überlassen musste.

Merke: Aufrichtigkeit muss durchschaubar bleiben für den einfachen Vogel von der Stange

1994

Der Pfau und der Spatz

Einst stolzierte der Pfau am Dorfplatz vorbei, wo die
Spatzen sich um den besten Platz in Erwartung
synthetischer Pferdeäpfel stritten. Als der große bunte
Vogel das Gerangel sah, rief er einen Spatzen zu sich
heran.

Du gefällst mir, Gevatter, sagte der Pfau. Hast du Lust, ein
schönes Leben zu führen? Würde es dir im Pfauenland
nicht auch gefallen?

Der Spatz, der sich misstrauisch fragte, ob ihn der Bunte
nicht etwa verspottete, nickte rasch und nachdrücklich.

Na, dann los, brich deine Zelte hier ab und komm zu mir
ins Pfauenland. Da soll es dir gut gehen, solange es mir
gut geht.

Der Spatz schüttelte seine Bedenken aus dem Gefieder
und flog auf den Vorschlag des Pfauen.

Als er im Pfauenland ankam, merkte er, dass da alles eine
Nummer größer geraten war, als im Spatzenland.

Nun, sagte der Pfau, gefällt es dir? Dann bedanke dich
hübsch für die Gefälligkeit, die ich dir erwies. Du könntest
meinen Wohnplatz ein wenig in Ordnung halten und mir
bei den Hausarbeiten zur Hand gehen. Wenn du fleißig
bist und dich loyal verhältst, bekommst du sogar ein
kleines Taschengeld. So wird es dir an nichts fehlen,
solange du dich als dankbar erweist. Und eines Tages wird
es dir so gut gehen wie mir. Solltest du jedoch aufmucken,
vertreibe ich dich wieder aus dem Paradies der Pfauen,
mein Lieber.

Der Spatz scharrte und kratzte, dass es nur so eine Art
hatte. Nach seinem Tagwerk war er dann fix und fertig,
und hatte überhaupt keine Kraft mehr, um sich auf den
grünen Zweig zu schwingen, auf dem die Pfauenvögel

saßen. Die jedoch freuten sich diebisch darüber, dass jemand ehrfürchtig zu ihnen aufsah.

Der Spatz bekam Genickstarre und Schwielen an den Krallen. Reich wurde er nicht.

Merke: Die Versprechen bunter Vögel hören sich von Weitem immer sehr verlockend an.

1994

Der Kuckuck und der Spatz

Der Spatz hatte einst einen leeren, halbverfallenen, verlassenen Starenkasten entdeckt und ihn in dem Glauben, dass sich niemand mehr um ihn kümmerte, wohnlich hergerichtet. Geschäftig hin und her fliegend stopfte er alle Löcher mit Reisig und Laub, säuberte und putzte das alte Gehäuse, dass es eine reine Freude war, es anzusehen. Alljährlich, wenn die Frühlingssonne ihren Heizofen einschaltete, blinzelte der Spatz voller Stolz und Zufriedenheit ins Licht und freute sich über sein gelungenes Werk.

Alle Vorüberfliegenden taten ein gleiches.

Eines Tages, die ersten Blätter hatten sich gerade aus den Knospen gesprengt, kam ein kräftiger Kuckuck des Wegs geflogen und setzte sich auf den Starenkasten. Er beäugte ihn von allen Seiten, als ob er Maß nähme. Der Spatz, dem das Treiben nicht entgangen war, fragte den Kuckuck, was sein Begehr wäre und ob er sich vielleicht in der Tür geirrt hätte.

Nein, nein, kicherte der Kuckuck, es hat alles seine Richtigkeit. Ich rate dir in aller Freundlichkeit: such dir eine andere Bleibe, der Kasten gehört mir.

Wie denn das, wunderte sich der Spatz, ich habe dich hier noch nie gesehen und dass dieses Gelass überhaupt noch bewohnbar ist, verdankt es allein meinem Fleiß. Tja, flötete der Kuckuck, das mag alles so sein, aber es ändert nichts an der Tatsache, dass ich hier einziehe. Und falls es dich interessiert: Das ist auch rechtens. Vor Jahr und Tag hat der Star hier eines meiner Eier ausgebrütet. Damit bin ich der Erbe des Vorbesitzers, der auf der Reise nach Süden leider von einem Kater gefressen wurde.

Unter diesen Worten begann der Kuckuck, die Habseligkeiten des Spatzen aus dem Kasten zu werfen, um sich selbst darin breit zu machen. Der Kleine musste sich wohl oder übel eine neue Bleibe suchen.

Merke: Ein Erbschein ist allemal wichtiger, als Fleiß, handwerkliches Geschick oder gar Gutgläubigkeit.

1994

Der geschniegelte Kater

Es lebte einst ein armer Feld-, Wald- und Wiesenkater, den alle Katzen der Umgebung trotz seiner Armut gern hatten, weil er ihnen Gutes erwies, wann immer die Zeit dazu herankam. Eines Tages nun fand unser Kater Mumm mitten auf der Pirsch durch sein Revier ein buntes Heftchen mit allerlei hübschen Bildern. Jemand hatte wohl einen Fisch darin transportiert und so war ein verlockender Duft zurückgeblieben. Kater Mumm besah sich die Bilder und berauschte sich nebenbei an dem wunderbaren Odeur, das von den Blättern ausging. Was gab es da nicht alles zu sehen! Neben dem herrlichsten Kraft- und Glanzfutter für ein strahlendes Katzenfell wurden die wunderhübschesten Stiefelchen angeboten, die sich ein Kater nur wünschen kann, um in der Welt etwas darzustellen. Das beste aber war auf den hinteren Seiten zu entdecken. Da rekelten sich ein paar allerliebste Katzendamen unter einem Kratzebaum und hatten nur ein Sommer-Sonnenkostüm-Fellchen an. Potz Maus und Heringsschwanz! Mumm leckte sich begeistert die Pfoten und steilte den buschigen Schwanz. Was aber musste er erblicken, als er endlich die allerletzte Seite aufschlug! Auf einem Bilderbogen war ganz possierlich dargestellt, mit welchen artistischen Übungen anderswo die Katzendamen ihr vollkommenes Glück fanden. Mumm schämte sich der biederen Hausmannskost, die er bisher den Damen seines Sprengels geboten hatte und sann auf Abhilfe. Er bestellte sich beim Katzenversandhaus ein modernes Wams nebst Hut und Stiefelchen, putzte sich eilends heraus und überredete Miezi, eine seiner älteren Freundinnen, zu einem am Beispiel geschulten Stelldichein mit Katzenmusik. Aber Undank ist der Welten Lohn. Während Mumm noch sinnierte und anhand der Vorlage probierte, kühlte sich die Dame merklich ab und verlangte schließlich, dass ihr

Galan entweder nach alter Sitte endlich zu Stuhle käme oder aber die heißen Pfoten von ihr ließe. Die neue Methode brächte wohl eher ein Hüftleiden, als den gewünschten Lustgewinn. Mumm zog sich mit einem Anflug von Muskelkater beleidigt zurück. Und bekam zum Schaden noch den Spott. Er musste mit ansehen, dass sich seine Klientel mit großem Vergnügen einem struppigen aber kräftigen Dorfkater hingab, der seinen Auftrag ohne Stiefel und artistischen Schnickschnack nach Urkatzenvätersitte auf das Ungestümste wahrnahm. Merke: Was modisch ist, muss noch lange nicht befriedigend sein.

1994

Die Katz und die Mäuse

Es war einmal eine deutsche Katz, die lebte, wie eine Katze so leben soll, glücklich und zufrieden vor sich hin. Ihr ganzer Lebenszweck waren ein warmer Ofen, eine fette Maus und hin und wieder ein Kater. Sicherlich wäre sie im Kreis ihrer Lieben hundert Jahre alt geworden, wenn sie nicht eines Tages ein merkwürdiges Erlebnis gehabt hätte. Sie erwischte bei ihrem täglichen Beutezug gleich drei Mäuse auf einmal. Die konnte sie natürlich nicht hintereinander auffressen und so baute sie sich unter einer Bank einen kleinen Pferch, in den sie die übriggebliebenen zwei Mäuse sperrte. War es Vergesslichkeit, waren es die Geschäfte, sie dachte ein paar Tage nicht mehr an ihr Vorratslager. Weil sie aber an

einem Regentag keine Lust auf ein nasses Fell verspürte, erinnerte sie sich wieder an die stille Reserve. Hatte sich was mit still! Als sie sich der Bank näherte, hörte sie ein vielstimmiges Pfeifen und Piepen. Kurz, eine der Mäuse hatte Wochenbett gehalten und nun wuselte es nur so von kleinen Mäuschen. Das gefiel der Katz so sehr, dass sie die schon gekrümmten Pfoten von den Graupelzen ließ und sie einfach nur betrachtete. Am nächsten Tag freute sie sich schon auf den Anblick und so ging es fort und fort. Die Mäuse lohnten ihrer Besitzerin die Ruhe im Versteck bei der Bank, in dem sie sich nach Mäuseart ständig vermehrten. Die Katz besah täglich ihren Schatz, brachte hin und wieder auch mal ein paar Freunde mit, die ebenfalls einen Blick auf die Pracht werfen durften und freute sich im Stillen an den neidischen Blicken. Nun ja, manchmal nahm sie schon ein paar Mäuse und tauschte dafür ein Stück harten Käse oder einen Heringsschwanz ein. So kam sie zu Kredit und Wohlstand, ließ andere für sich arbeiten, wurde allerdings auch von Tag zu Tag wunderlicher. Von ständigem Misstrauen und von Angst um ihre Mäuse geplagt, brach sie alle freundschaftlichen Kontakte ab. Sie ging kaum noch aus dem Haus, fraß nur vom Besten und wurde bald fett und träge. An manchen Tagen legte sie sich zwischen ihren Mäusen auf den Rücken, machte keine Pfote mehr krumm und blinzelte verschlafen in die Sonne.
Es kam, wie es kommen musste!
Eines Tages starb sie an Bewegungsmangel inmitten ihres Kapitals. Niemand vermisste oder beweinte sie, weil sie durch ihren Spleen inzwischen alle ihre Freunde verloren hatte.
Merke: Zuviele Mäuse verderben den Charakter.

1994

Ewiges Geheimnis

In der Vorwendezeit war es im Fünfland üblich, von Zeit zu Zeit Aktionen anzukurbeln, die man mit dem Effekt des Hausputzes vor Fest- und Feiertagen vergleichen könnte. Das ging denkbar einfach. Und alle machten mit.
Man kündigte von höherer Stelle, wo auch immer die sein mochte, eine hochrangige Gästedelegation an. Die daraufhin einsetzende Hektik, wohlwollend Masseninitiative genannt, funktionierte nach dem Billardprinzip. Es gab Anstöße von Ebene zu Ebene, von Kugel zu Kugel. Wobei die letzte lief, lief und lief ...bis, nur so zum Beispiel, der Anfahrtsweg für die Delegation blitzsauber war. Notfalls wurde Rollrasen ausgelegt. Oder das Dach eines verfallenen Hauses zur Straße hin neu eingedeckt. Was heißt denn hier " von der Sowjetunion lernen..", Potjomkin arbeitete 1787 in Rußland. Und zwar für Jekaterina Zwo, nicht für irgendeine Bezirksleitung einer führenden und rechthaberischen Partei.
Außerdem bekam das Ganze einen schönen amtsdeutschen Begriff zugeordnet: Protokollstrecke. Die gab es allüberall. Um zu zeigen, wie es aussehen konnte, wenn man wollte. Oder musste. Bei einer zu kurzen Decke spielt Geld sowieso keine Rolle mehr.
Im Havelländischen Obstgebiet zum Exempel endeten die Protokollstrecken an Protokollplantagen. Dort wurden Bäumchen beguckt. Oder gepflanzt. Je nachdem, wie rüstig der Besuch war. Es gab fürsorglich also mehrere Strecken. Aber nur einen hauptamtlichen Begleiter. Der hatte sich ausgezeichnet durch variantenreiches Verkünden optimistischer Prognosen, saß folgerichtig jahrzehntelang im Parteiapparat und hatte den hin und wieder bei kleinwüchsigen Menschen zu beobachtenden erheblichen Geltungsdrang. Und eine schöne Singstimme. Damit gab er zu später Stunde gern Wiener Folklore zum

besten, sogenannte Fiakerlieder. Wien, Wien, nur du allein; man war schließlich nicht umsonst als Soldat in der Ostmark. Ein geselliger Begleiter hochrangiger Persönlichkeiten, vielseitig und rundherum gebildet. Eben ein Experte, ein Apfel-Cicerone. So einflussreich immerhin, dass er Berichte über sein Arbeitsgebiet schon zu verhindern wusste, wenn sie nur von weitem kritisch klangen.

Einmal soll er jedoch Probleme gehabt haben. Die Obstbauern stellten einer Delegation ihre Neuzüchtungen vor. Geheimgehaltene Kreuzungen vielversprechender Sorten. Ein Schlag gegen die Embargopolitik, ein Sieg im Kampf um die Substitution der schädlichen Südfrüchte, eine Sparkomponente für den Devisenmarkt. Zukunftsweisende Äpfel, wenn auch im wahrsten Sinn noch namenlos. Spezialisten behelfen sich in solchen Fällen mit dem Fachbegriff. Die Hochrangigen schritten dahin, ließen sich alles erklären. Der begabte Begleiter warf dazwischen, was ihm an Optimistischem einfiel. An einem der Bäumchen, denen man die Perspektive noch gar nicht so ansehen konnte, blieb man stehen. Sieht ja aus, wie ein Politiker, sagte einer der Geführten. Hat die Arme ausgestreckt, als wollte er eine Festrede halten. Wie heißt denn das Bäumchen? Der Züchter, durch den überfragten Experten pantomimisch zum Reden ermuntert, gab bereitwillig Auskunft.

Das, ja also, das ist unser Klon 40.

Das betretene Schweigen löste sich erst viel später in ein wenig exquisitem Alkohol. Ob die Hochrangigen allerdings begriffen haben, dass es sich nicht um eine politische Anzüglichkeit, sondern um die international übliche Bezeichnung einer noch nicht anerkannten Neuzüchtung handelte, wird wohl ein ewiges Geheimnis bleiben.

1990

Positives Denken

Nach dem Erreichen der Rekordmarke von einhundert
Ablehnungen auf einhundert Bewerbungsschreiben hatte
Erwin Bommelmann hundertprozentig die Schnauze voll
und dachte wehmütig an die alten Zeiten. In seinem
vorigen Leben hatte er nicht nur Geld verwaltet sondern
auch bei den sogenannten Kaderfragen mitgeredet, die
angeblich alles entschieden. Das hatte zwar nicht immer
orgiastische Zufriedenheit ausgelöst, aber man hatte das
Gefühl, etwas zu bewegen. Ein winziges und dennoch
notwendiges Rädchen im Getriebe der Weltgeschichte.
Als man begann, die über fünfzigjährigen Teilnehmer des
Weltfriedenslagers in schöner, sozialverträglicher
Rücksichtnahme zu dem zwar nicht verdienten,
vorzeitigen Ruhestand zu zwingen, glaubte Bommelmann
noch an seine Unabkömmlichkeit. Ein Irrglaube, den nicht
nur er vierzig Jahre wie eine Schlange am Busen genährt
hatte. Natürlich kam es ganz anders. Oder anders gesagt:
nicht anders, als bei anderen. Bommelmann wurde
Mitglied der Freizeitparkgemeinde. Als seiner immer noch
in Lohn und Brot stehenden Frau seine ewige Klagerei
über die rücksichtslosen Nachbarweiber, die alle
Wäscheleinen des Trockenraumes schamlos behängten
und Bommelmann den Platz für seinen Kessel Buntes
streitig machten, über die Rennerei nach dem günstigsten
Kiwi-Angebot und die ewigen Versuche, ihm etwas an der
Tür zu verkaufen, über die Hutschnur ging, schlug sie ihm
vor, doch selbst einmal etwas zu unternehmen. Es traf sich
gut, daß Erwin just zu diesem Zeitpunkt dahinter
gekommen war, dass sich niemand von den alten
Weggefährten um seine Arbeitskraft zu reißen schien. Und
das, obwohl einige, wie man hörte, ihr Wissen um die
Ökonomie des Kapitalismus so fundamental angelegt
hatten, dass sie nun spielend mit seinen

marktwirtschaftlichen Mechanismen zurecht kamen.

Erwin seufzte tief, gab sich einen Ruck und rief die Telefonnummer an, die eines Morgens in der zum unabhängigen Parteiorgan konvertierten Bezirkszeitung fleißigen, strebsamen und positiv denkenden Menschen ein glückliches Leben bei ständig wachsendem Einkommen und lebenslanger Tätigkeit versprach. Da außer dem festen Willen zum Erfolg und einem eigenen Auto keine Vorkenntnisse erforderlich waren, empfand sich Erwin Bommelmann als durchaus geeignet. Die freundliche Damenstimme am anderen Ende der Leitung tat ein übriges, wenngleich es Bommelmann so vorkam, als sage sie einen vorgefertigten Text mit großer Betonung auf. Seine vorsichtige Frage nach Altersgrenzen konterte die Dame mit der Behauptung, daß das Alter bei positiv denkenden Menschen überhaupt keine Rolle spielen würde. Das gab den Ausschlag.

Erwin Bommelmann kaufte sich ein teures Rasierwasser, bürstete den Großrundstrickanzug gegen den Strich aus, rasierte sich zum ersten Mal seit Jahren wieder einmal naß und machte sich auf zur angegebenen Großstadtadresse. Der Raum, in den er geführt wurde, atmete die schlichte Eleganz selbstgemachter Baumarktrenovierung. Die bereits anwesenden Damen und Herren, vielfach in Bommelmanns Alter wie auch Habitus, musterten den Neuankömmling. Wahrscheinlich dachten sie positiv, daß sie diesen Konkurrenten mühelos in den Sack stecken könnten. Woher sollten sie ahnen, daß sich auch Erwin Bommelmann inzwischen selbst der Liebste war. Mitten in die Musterung und Gedankenleserei platzte ein fröhlicher und sehr positiv ausstrahlender sowie auffallend gewandeter Mittvierziger, der sich selbst einen DAL nannte und damit, wie sich gleich herausstellte, einen Direktionsausbildungsleiter meinte. Sein sehr verkürzter Lebenslauf begann im Brandenburgischen, schloß einen pädagogischen Studiengang ein und mündete zeitsparend und übergangslos in seiner segensreichen, lukrativen und befriedigenden Tätigkeit für das positive Unternehmen, dass sich auf die Fahne geschrieben habe, die nichtsahnende Menschheit im Neufünfland mit den Segnungen eines so vollkommenen wie repräsentativen Nachschlagewerkes sozusagen in ihren eigenen vier Wänden bekannt zu machen, damit sie sich nicht in aller Öffentlichkeit zu den Defiziten in der ostelbisch geprägten Allgemeinbildung bekennen müßten. Dazu bedurfte man vertrauensvoller Charakterköpfe, die diese humanitäre Aufgabe zu begreifen in der Lage waren und die außerdem soviel Grips hatten, einen wohlüberlegten Text aufzusagen, der nach psychologischen Gesichtspunkten aufgebaut war und dem potentiellen Käufer gar keine andere Wahl ließ, als flugs die neue Chance zum Mitreden und damit zum Bestehen in der freien westlichen Welt zu ordern. Erwin Bommelmann fand alles sehr einleuchtend, nickte, wie etwa zwei Drittel der Anwesenden, sowohl zu den Sachargumenten als auch bei der Frage, ob man nicht vielleicht doch gewillt wäre, richtiges Geld zu verdienen. Dass es sich bei dieser Formulierung nicht um den alternativen Vorschlag des Handels mit Falschgeld handelte, wusste man längst. Schließlich war man nicht auf der Wassersuppe hergeschwommen, sondern inzwischen schon mit vielen Wassern der Marktwirtschaft abgewaschen worden.

Erwin Bommelmann trug sich in die Liste der Schulungsteilnehmer ein, versprach, dem Arbeitsamt nicht unnötig Informationen aufzuhalsen, die nur überflüssige Verwaltungsakte beschwören müssten, und schwebte auf einem Wolkenteppich nach Hause. Seiner ewig misstrauischen Frau verschwieg er vorsichtshalber die Aufwandskosten, die gegen den angekündigten Verdienst von acht bis zehn Riesen in der Anfangsphase und bei großzügiger Stundung bis zum Verkaufserfolg auch kaum ins Gewicht fielen. Immerhin konnte er seine Gute durch seine begeisterte Schilderung dazu bewegen, gleich mal ein neues Sakko aus dem letzten bunten Katalog-"Paule find ich nicht schlecht"- zu bestellen. Immerhin hundertneun Mark. Ach, was hätte man seinerzeit für hundertneun West alles anschaffen können!

Die Schulung war für Bommelmann puppenleicht. Auswendig hatte er schon immer gut gekonnt und nachdem er sich mit einer vermeintlich klugen Antwort auf eine hintergründig einfache Frage das Maul verbrannt hatte, kam er mit einem weisen Lächeln bei seinem DAL viel positiver weg.

Als alle Kursteilnehmer begriffen hatten, dass der Direktvertrieb weltweit im Vormarsch ist und dass man allen Charme darauf zu verwenden habe, an den Wohnzimmertisch zu gelangen, wurde die praktische Ausbildungsphase eingeleitet. Die hieß folgerichtig Workshop und beinhaltete das learning by doing. Lernen bei Tuen hörte sich ja nun wirklich nicht halb so gut an. Die Praxisakademie befand sich in einem zur Herberge hochstilisierten Landgasthof unweit einer sächsisch-anhaltinischen Domstadt und bot die Möglichkeit, nicht nur die Mitglieder der eigenen Trainingsgruppe sondern auch die Auserwählten verschiedener anderer Zünfte, die hier ihr Quartier genommen hatten, kennenzulernen. War das ein Jubel und Vergleichen, wenn nach des Tages Müh und Plagen abends die abgeschlossenen Verträge gleichsam wie Trophäen in der Kneipe vorgezeigt wurden. Der Herr DAL konnte zufrieden sein. Keine Patzer im Verkaufsgespräch bei den von ihm kontrollierten Kundenkontakten. Alle Taschenlampen für die Klingelschildanalysen vorhanden. Alle Workshopper in der vorgeschriebenen festlichen Besuchsgarderobe. Die telefonischen Erfolgsmeldungen allmorgendlich an das

Mutterhaus konnten nur positiv klingen! Daran konnte auch Bommelmanns verstauchter Knöchel am dritten Tag nichts ändern. Erwin war ja auch selbst schuld gewesen. Statt,wie gelernt, einem aggressiv knurrenden Hund gegenüber den Unbeteiligten zu markieren, war Erwin rückwärts zur ausgetretenen Hinterhaustreppe retiriert. Und natürlich abgerutscht. Ein Glück, dass die Mustertasche samt Inhalt heil geblieben war.

Auch diese Phase auf dem Weg ins freie Handelsvertreterleben ging vorbei, ohne dass Bommelmanns einen Kredit aufnehmen mussten. Das Leben war teuer, aber bald sollten ja Milch und Honig fließen. Das war doch ein ganz ander Ding als früher, wo man um halb sieben vergrätzt und müde in der S-Bahn saß, um dem Schreibtisch mit der abwaschbaren Sprelacart-Platte zuzustreben. Jetzt frühstückte Erwin, wenn auch allein, bis um halb zehn, sammelte seine Referenzutensilien zusammen, stieg ins Auto und fuhr in sein "Gebiet". Natürlich würde man den viertaktenden Stolz aller ehemaligen Wartburg-Fans bald durch ein Traumauto ersetzen müssen, das war man der Firma und seinen Kunden schon schuldig. Der DAL hatte das Zauberwort Leasing in die Debatte geworfen. Schön dumm, wer sich das entgehen lassen wollte.

Erwin Bommelmann lenkte den treuen Schlitten in ein Neubaugebiet, sortierte seine Adressen sorgfältig nach Hausnummern und schnappte sein Vorführexemplar. Es gehörte zwar noch zur vorhergehenden Serie, aber das tat der Begeisterung keinen Abbruch. Bommelmann hatte Glück. Auf sein Klingeln öffnete nicht das legendäre verschüchterte und verängstigte Muttchen mit der Panzerkette vor der Haustür, sondern eine üppige Rotblondine, angetan mit einer freizügigen Kittelschürze. Von wegen verklemmt und Nachholebedarf in Sex-appeal. In Bayern vielleicht, aber nicht in Fünfland!

Bommelmann wurde ins Wohnzimmer gebeten und auf seine Frage nach dem Herrn Gemahl wurde ihm bedeutet, der wäre zwar da, würde aber wohl im Augenblick nicht benötigt. Hubert dachte an den DAL und seine eindringliche Warnung vor zu intimer Gesprächsatmosphäre. Aber der DAL war weit, die Blonde mit dem Vierundzwanzig-Personen-Ausschnitt saß ihm gegenüber und zupfte die Schürzenenden über die blanken Knie. Es kam, wie es kommen musste. Als Erwin in seiner Tasche kramte, um die geheimnisvolle Tontechnik des genialen Nachschlagewerkes mit dem entsprechenden Heureka-Effekt zu präsentieren, öffnete sich die Tür des Wohnzimmers. Heiliger Bonifazius! Das war doch Pepe Müller, der da im etwas verwaschenen Dynamo-Trainingsanzug die gute Stube betrat. Pepe Müller, der Ökonomische Direktor aus der Chefetage des Kombinats! Hoffentlich hatte der ein schlechtes Gedächtnis, das würde sonst zu peinlich. Denn zum Einpacken war es zu spät. Ach was, heute musste schließlich jeder zusehen, wie er zu Kleingeld kam. Trotzdem wandte sich Bommelmann seiner Preisbehandlung intensiver zu, als er es gelernt hatte. Er wollte verkaufen und keine Fragen aus dem vorigen Leben beantworten. Pepe Müller schien ihm den Gefallen zu tun. Er schlurfte nach einem warnenden Blick an die Adresse seiner Frau, den Bommelmann nicht mitschneiden konnte, aus dem Wohnzimmer.
Die Blonde straffte sich. Obwohl sie die Vorführung beeindruckend fände, wollte sie sich noch einmal bedenken. Und beraten. Aber besser, als ich das kann...wandte Hubert ein. Ihre Preise sind kein Pappenstiel und Sie werden doch in der nächsten Woche nicht ausverkauft sein, guter Mann. Kommen Sie einfach Anfang der Woche noch einmal vorbei. Bommelmann überlegte, was der DAL für solche Situationen geraten

hatte, aber ihm fiel nur die alte Außendienstler-Weisheit ein, die besagt: Raus ist aus! Mist verfluchter, wäre der Schlurf Pepe nicht dazwischen gekommen, hätte es vielleicht gefunkt. Wie der aber auch ausgesehen hatte, zum Kugeln! Einst so ein gefürchteter Bestimmer und nun? In Murmelmanns Überlegungen hinein trat ein Mensch ins Zimmer, der mit Pepe Müller eine ganz entfernte Ähnlichkeit besaß. Blauer Nadelstreifen, knallbunte Designer- Krawatte, dazu ein strahlendes Lächeln und ein silbergrauer großvolumiger Aktenkoffer hatten das Bild von vorhin gründlich retuschiert. Von wegen Schlurf! Vor Bommelmann stand ein durch und durch positiv wirkender Mensch mit einem gewinnenden Lächeln. Tjaja, lieber Herr Bommelmann, welche Überraschung. Dass wir uns in meinen eigenen vier Wänden treffen, halte ich geradezu für einen Fingerzeig! Wollen Sie etwa schon gehen? Aber nicht doch, mein Lieber, nehmen Sie Platz, nehmen Sie Platz. Selma, holst du bitte mal einen Teller für die Cracker? Tja, mein Lieber, so sehen wir uns wieder.Ach was, Sie stören nicht, ganz im Gegenteil.Zeit ist Geld, wem sagen Sie das! Ich werde mich kurz fassen. Sagen Sie mal, unter uns, waren Sie nicht schon seinerzeit ein ausgemachter Weinkenner? Wusst ich´s doch, wusst ich´s doch, da werde ich Ihnen als sicherlich positiv denkendem Menschen mal auf die Schnelle eine rechte und gleichzeitig feucht-praktische Freude machen. Ich vertrete nämlich ein ganz bekanntes französisches Weinhaus...

1994

Lichtermeer

Also, wie Sie mich hier sehen, bin ich ja immer nur ein
kleines Licht gewesen. Nicht, dass ich damit prahlen will,
aber ich war eigentlich unpolitisch. Na gut, aber in die
Kreisleitung ist doch mancher geholt worden, weil er
einfach nicht nein sagen konnte. Sehen Sie, genau so ging
es mir. Und ruckizucki sind dann zwanzig Jahre um.
Wenn Sie sich das mal vorstellen, heutzutage wäre der
Lebensabend damit vorprogrammiert. Zwanzig Jahre
sozusagen in der Politik und nicht mal auf der Hinterbank,
da hätte man ausgesorgt. Aber nun heißt es: staatsnah und
staatstragend. Wir kleinen Lichter sind nun an allem
schuld. Die Leuchter sitzen am Tegernsee und ich sitze,
nur mal so zum Beispiel, am Lenkrad dieses
Kleintransporters. Und muss froh sein, dass mich der
Verein eingestellt hat. Im Dienst der Öffentlichkeit hätte
ich überhaupt keine Chance. Da würden sie mich
vielleicht sogar gaucken. Immerhin sollte ich Anfang der
Fünfziger, so als junger Hüpfer, unserer Hausfriseuse mal
auf den Zahn fühlen. Die fuhr damals jedes Wochenende
nach Steglitz zum Einkaufen. Konnte doch nicht mit
rechten Dingen zugehen. Wo hatte dieses kleine Licht die
Westmärker her, wenn sie keine Verwandten drüben hatte.
Die Forscherei hat mich eine Flasche "Lindenblättrigen"
gekostet, so um die sieben Mark, aber das
Forschungsergebnis war mager. Meine Auftraggeber
waren sehr mürrisch, weil ich mich so blöd angestellt
hatte. Die Dame hatte nämlich noch einen feinen Dujardin
in der Vitrine und danach wurde mir schwummrig. Das
muss dann passiert sein, als sie mich ins Bett schleppte.
Jedenfalls habe ich meine Tarnung gelüftet, natürlich aus
Versehen. Aber das haben die von der Firma nicht

geglaubt. Das hat noch ein Nachspiel, haben sie mir fest versprochen. Stimmte auch. Jahre später noch hat mir die Friseuse immer diese Koivo-Kosmetik aus Berlin mitgebracht. War in der Republik Mangelware. Selbst in unserem Laden auf dem Minikreml gab es das Zeug nur für bestimmte Kunden. Da war ich ein viel zu kleines Licht. Vor drei Jahren habe ich die Dame noch einmal getroffen. Da hat sie mir erzählt, dass sie vor der Mauer den Amis in Zehlendorf die Perücke gemacht hat. Das war ihr Grundstein für den selbständigen Laden. Die hat die Marktwirtschaft schon vor der Wende gekannt. Wir andern mussten das ja erst lernen. Ist schon ein Unterschied, ob man die politische Ökonomie als Schreckgespenst an die Tafel schreibt oder ob man selbst eine Steuererklärung ausfüllen muss. Und obwohl wir ja alle kleine Lichter sind, haben wir das hinbekommen. Die Westteutonen behaupten ja immer, dass wir das Pulver nicht erfunden haben. Dabei sind wir in vier Jahren schlauer geworden, als manche von denen in vierzig Jahren. Davon redet kein Mensch. Ist wohl sonnenklar, dass man auch Lehrgeld bezahlen muss. Ich möchte nicht wissen, wieviel von der Fünflandspritze unterirdisch in die alten Gefilde zurückgeschwappt ist. Wenn man sich nur die Umschulungsfirmen ansieht, die wie Pilze aus dem Boden geschossen sind, da war doch keine aus dem Osten. Ging nicht, natürlich nicht, schon von der Amtssprache her war das ein gewaltiger Unterschied. Und wir dachten, wir hätten die Bürokratie erfunden. Also mussten gelernte Amtsschimmel zur Amtshilfe eingeflogen werden. Von Montag mittag bis Freitag vormittag. Natürlich nicht ohne Buschzulage. Die Schulungsfirmen blieben bis zu dem Tag, wo die Arbeitsämter keinen Pfennig mehr für die Ausbildung von Umweltassistenten, Fahrlehrern, Bürokauffrauen und Computersachkundigen bezahlen konnten. Am Tag darauf war der Laden dicht.

Ausgetrocknet. Samt Ausbildungspersonal hockten die bildungshungrigen Ostler auf den Fluren im Arbeitsamt. Wenn ich daran denke, wie wir früher über Land gezogen sind, um den Vollbeschäftigten den Sinn der Arbeitsproduktivität zu erklären. Das hätten wir einfacher haben können. Ein Jahr Marktwirtschaft auf Probe, und die Kumpels und Kumpelinen hätten sich dies und jenes aufgerissen. Hat ja keiner geglaubt, was wir gepredigt haben. Haben natürlich auch nicht viele gewusst, wie unsere Leithammel heimlich auf Samt und Seide gesoffen haben. Obwohl das eine oder andere durchgesickert war. Und warum sollten wir kleinen Lichter uns aufregen. Immer schön das Maul halten, da lebt man ruhiger. Ist heute übrigens auch angesagt, die alte Parole. Die da oben werden sich schon was dabei gedacht haben, sollen sie mal machen. Ausbaden müssen den Schlamassel sowieso die kleinen Lichter. Vielleicht wundert sich der eine oder andere über das, was da trotz vierzigjähriger Marktwirtschaftserfahrung immer noch schiefgeht aber das sind notorische Quertreiber. Sogenannte Bürgerrechtler. Die kriegen übrigens, wenn sie eine Partei gründen, auch Schweigegeld vom Steuerzahler. Weiß nur nicht jeder. Wir haben immer gleich die Kritik der sozialistischen Brigaden beantworten müssen, zum Beispiel, wenn es etwas nicht gab, was es geben müsste. So ein heutiger Politiker nimmt das mit von seinem Wahlvolk und schmeißt es wahrscheinlich auf der Rückfahrt aus dem Autofenster. Hauptsache, er wird wieder gewählt. Wir mussten den ganzen Scheiß in einen Bericht schreiben, der wurde für die nächste Leitungsebene redigiert und dann noch einmal überarbeitet, bevor er in die Aktuelle Kamera als Erfolgsmeldung kam. Gewundert haben wir uns schon, dass die im Zentralkommitee nicht stutzig geworden sind. Und in ihren Memoiren steht ja auch, dass sie alle alles gewusst haben. Nur durchsetzen konnten sie sich nicht. Aber wir sollten offensiv bleiben und kritische Köpfe auf den historischen Optimismus ausrichten. Ist aber wohl auch nationales Erbe. Die Drecksarbeit macht immer das kleine Licht, die Großen streichen dafür die Orden ein. Na, nun sitzen sie alle in ihren vier Wänden, wenn sie nicht schon auf dem gepackten Koffer einen Rückübertragungsanspruch zu liegen haben. Und unsereins muss zusehen, dass er einen halbwegs krisenfesten Job erwischt. Und behält. Schnauze zu und Buckel krumm, schließlich stehen schon fünf Millionen Schlange nach einem Job. Gespannt bin ich nur, wer zuerst die Faxen dicke hat, die Altländer oder die Teuerländer. Die Straßen sind ja noch da und auf einen Demo-Stau mehr oder weniger kommt es nicht an. Da darf man gar nicht weiter drüber nachdenken. Was wäre denn eigentlich gewesen, wenn durch den Mantel der Geschichte die andere Seite angegliedert worden wäre? Ist ja nicht, aber man wird doch mal fragen dürfen. So bergab, wie die Konjunktur jetzt läuft, hätte das doch zumindest theoretisch bedacht werden können. Alle Blockparteien zum Rapport ins ZK. Großkonzerne und Kaufhauskietten zur VVB und zum Konsum. Jeder Wessi drückt eine Pauschale für die Reparationskosten ab. Für alle Häuser ist ein lückenloser Erwerbsnachweis zu erbringen, wo nicht, fällt die Bude an die Wohnungsverwaltung und wird erst mal auf Unterbelegung kontrolliert. Der Kanzler aller Deutschen bekommt ein Zentralkommitee zur Seite gestellt und sitzt mit ihm am runden Tisch, wenn es um Lebensfragen geht. Was aber Lebensfragen sind, wird in Volksbefragungen erforscht.

1994

Schwache Stunden

Die Nacht in Nauen

Wenn der Mann in der typisch nordländischen
Männerkneipe auffiel, dann nicht durch seinen Habitus,
seinen geradezu eleganten Anzug. Schließlich saßen in
dieser Lokalität zwischen den vielen uniformierten Gästen
immer mal Offiziere in Zivil. Und die bevorzugten im Jahr
13 vor der Jahrhundertwende auch die feineren, die
exquisiten Tuche. Sie trugen natürlich die Haare deutlich
kürzer, als dieser verdächtige, fremde Kerl. Drei Abende
saß der nun schon in der niedrigen, verrauchten Gaststube.
Was heißt saß, er ging herum, verunsicherte die Leute,
turnte von Tisch zu Tisch und fragte die uniformierten
Gäste nach einigen belanglosen Floskeln schamlos direkt
aus. Der Wirt, berufsbedingt mit einem guten Gehör
ausgestattet, vernahm stets die gleiche Frage: Sagt mal,
kennt ihr nicht einen aus Päwesin, so einen Langen, er
muss Transportfahrer sein ...
Der Wirt hatte sich nicht nur Gedanken gemacht. Man
hatte ihm nach seinem fürsorglichen Anruf bedeutet, er
möge Ohren und Augen weiterhin offenhalten. Das tat er.
Aber dieser unheimliche Gast, der sich übrigens für eine
Woche im Zimmer drei, dem teuersten des Gästetraktes,
einlogiert hatte, fragte tatsächlich immer wieder nach
einem Soldaten aus Päwesin. Vielleicht ein hartnäckiger,
aber harmloser Irrer? Oder einer, der für die
Vaterschaftsklage seiner Tochter nähere Angaben
brauchte oder was? Na hee, solche undurchsichtigen
Schlawiner aus dem Binnenland können wir hier oben
besonders gut ab!
Der gut angezogene Herbert Plätzke indessen hatte
Gründe für die Fragerei. Und für die Woche im Hotel. Zu

einem unglaublich niedrigen Zimmerpreis übrigens, der aus der Kalkulation der frühen fünfziger Jahre zu stammen schien, wie das Hotel selbst. Seine freie Zeit und die zwölf Mark pro Nacht wollte Plätzke schon dran geben, Hauptsache, er fand diesen Kerl! Der schuldete ihm nichts, Plätzke kannte ihn ja nicht einmal. Vorausgesetzt, man rechnet eine zufällige nächtliche Schicksalsgemeinschaft nicht unter diese Rubrik.

Plätzke erinnerte sich an jene Nacht mit einer Deutlichkeit, die ihn immer noch mit den Zähnen knirschen ließ. Da hatte er aus Gründen der Geselligkeit einmal auf das sonst unentbehrliche Auto verzichtet und war zu der Beratung am Vorweihnachtstag mit der Bahn nach Berlin gefahren. Einmal im Jahr, so höhnten später fast alle, die von der Geschichte erfuhren - und es waren viele !- einmal im Jahr fährt dieses Rindvieh mit der Bahn und entlarvt sofort sein Talent zur komischen Figur. Ärgerlich war, dass die Spötter recht hatten. Plätzke, tatsächlich ein wenig unbeholfen im Benutzen der Eisenbahn, hatte sich auf der Rückfahrt gar nicht genug wundern können über den schönen, neuen und warmen Vorortzug, der da ungewohnt leise und sanft, ja geradezu zukunftsweisend durch die Winternacht rollte. Leiser Flockenwirbel vor den blanken Fenstern verstärkte den irgendwie romantischen Eindruck. Ach ja, Vorweihenacht! Plätzke verspürte weder Müdigkeit noch Alkoholeinfluß. Obwohl er doch recht herzhaft pokuliert hatte, die günstige Gelegenheit und die Spendabilität der Behörde nutzend. Er gab sich angenehmen Gedanken hin. Die Beratung war hervorragend gelaufen. Der allgewaltige Schattig hatte Plätzkes Vorschläge und Schlussfolgerungen mit wohlwollendem Kopfnicken aufgenommen. Immerhin Schattig, nicht jemand aus der profilsüchtigen zweiten Reihe. Die Kolleginnen und Kollegen aus der zusammengerufenen Fachkommission hatten nicht mit Lob gespart. Dieser Herbert Plätzke, man konnte sich nur wundern! Was der so alles bedachte, ein glänzender Theoretiker. Vielleicht war er der Nächste an der Leiter nach oben? So oder ähnlich lauteten die Trinksprüche im gemütlichen Teil der Veranstaltung. Mit wohlwollendem Augenzwinkern sprach man von Entschlusskraft, Vorbildlichkeit und Durchsetzungsvermögen. Von der Zukunft im Allgemeinen und von der einiger Anwesender im Besonderen. Plätzke fühlte sich geradezu verpflichtet, mit einem Fläschchen Spätlese zu erwidern.

Rundherum ein sehr angenehmer Vorweihnachtsabend. Und nun als Draufgabe dieser schöne Zug von der Bahn! Der sonst eher trist wirkende Randstadt-Bahnhof bekam ein wenig von dem Glanz ab. Nur die Lautsprecherstimme klang so rostig und knarrzig wie immer. Aber was sollte die Krittelei, alles auf einmal ging eben nicht. Der Tag war rundum gelungen und nach überschlägiger Rechnung war Plätzke in einer guten halben Stunde zu Hause.

Dachte er.

Und wunderte sich ein wenig, als der Zug, der schöne, helle, warme Zug, einen kleinen Umweg zu nehmen schien. Die markante Eisenbrücke, optisch wie akustisch Mahnung zum Aussteigen, wollte und wollte nicht kommen. Dafür tauchten nun Haltepunktschilder auf, die Plätzke auf Anhieb gar nicht recht einordnen konnte. Mit seiner Wohngegend jedenfalls hatten sie nichts zu tun. Die mitreisende Studentin, Plätzke hatte sie am Umfang der Reisetasche identifiziert, bevor sie den grünen Schnellhefter aus den Tiefen des Gepäcks gekramt hatte, erschrak, als Plätzke sich zu ihr beugte. Er hatte wohl doch eine leichte Alkoholfahne, als er sie ziemlich verunsichert danach fragte, wohin wohl dieser Zug führe. Die Studentin reagierte sehr unwirsch. So plump war sie ja noch nie behelligt worden, noch dazu von so einem angesäuselten,

alten Zausel. Der war doch bestimmt schon an die Mitte
dreißig. Dass die sich nicht schämen! Na, damit musste
der Opa allein fertig werden. Nauen, sagte sie schließlich
und es klang wie Nordpol.
Plätzke bekam, ohne es zu ahnen, sogenannte Kuhaugen.
Nauen?? Wirklich Nauen? Aber dahin wollte er doch gar
nicht.
Tja, das würde er wohl kaum noch verhindern können. Es
sei denn, er stiege auf der nächsten Station aus.
Plätzke versuchte sich die Landkarte vorzustellen. Und
kam zu dem Schluss, dass es wohl doch das Beste wäre,
bis nach Nauen mitzufahren und dann mit dem nächsten
Zug umzukehren.
Die Bremsen quietschten leise. Dann die
Lautsprecherstimme, klar und deutlich: Bahnhof Nauen.
Dieser Zug endet hier. Die nächsten Anschlüsse. Plätzke
sagte artig Auf Wiedersehen zu der Studentin. Die
murmelte eine sanfte Antwort. Es schien, als hätte sie
inzwischen ein wenig Mitleid mit dem hilflos wirkenden
Kerl.
Die Bahnsteiguhr zeigte das Ende der Geisterstunde an.
Über den Perron wehte es kalt. Plätzke machte sich
fröstelnd auf die Suche nach der Fahrplantafel. Als er die
studiert hatte, war sein Optimismus verflogen. Fast fünf
volle Stunden, bis der nächste Zug zurückfuhr. Das konnte
doch bald nicht sein! Plätzke fahndete nach zusätzlichen
Hinweisen. Soviel wusste er immerhin, dass die Bahn ab
und an ihre Pläne kurzfristig ergänzte oder über den
Haufen stieß. Oder beides. Kein Hinweis, nichts zu finden.
Ein Schatten fiel auf die Anschlagtafel. Plätzke wandte
sich um. Ein ziemlich langer Bursche in Soldatenuniform
stand hinter ihm.
Kannst du nicht mal einen Schritt beiseite treten, ich seh
nichts. Du stehst genau vor dem Plan!

Fehlt bloß noch, dass der Opa sagt, dachte Plätzke und räumte das Feld. An dem schönen neuen Vorortzug machte sich ein Kollege Eisenbahner zu schaffen. Plätzke fragte, in der Hoffnung, doch einen aktuellen Hinweis übersehen zu haben. Der Bahner bestätigte, was längst Gewissheit war. In den nächsten Stunden keine Bewegung in Richtung Randstadt. Überhaupt wenig Personenzugverkehr in den Nachtstunden. Und wenn, dann nur nordwärts.

Scheißladen, knurrte der Soldat, der sich ungebeten dazugestellt hatte. Einfach so. Was die heute für Manieren hatten!

Der Bahner gab ein Zeichen, der Zug rollte rückwärts aus dem Bahnhof. Vielleicht hätte man im Abteil bleiben sollen. Aber das war bestimmt verboten. Unterdes räsonnierte der Soldat, froh über die Zuhörer, laut vor sich hin. Von Eggesin nach Päwesin, das ist schon unter normalen Bedingungen ein Abenteuer des Schienenstranges. Hätten die mich, wie geplant, mittags ziehen lassen, dann hätte ich den sogenannten Durchgangszug erwischt. Und müsste jetzt nicht in Nauen rumstehen. Aber bei der Zuckelei mit dem Personenzug ist es ja kein Wunder, daß ich das Umsteigen verschlafen habe.

Umsteigen? fragte Plätzke.

Ja natürlich, wenn man mit diesem letzten Zug fährt, muss man auf dem Randstadtbahnhof umsteigen, wenn man Richtung Brandenburg will. Warum das so ist, keine Ahnung. Es ist halt so. Wer das nicht tut, landet in Nauen. Ei verflucht, Plätzke konnte sich an Ort und Stelle davon überzeugen, dass diese Auskunft stimmte. Auf dem Fahrplan gab es einen solchen Hinweis, wenn auch verhältnismäßig klein gedruckt. Na, das änderte nun auch nichts mehr. War man eigentlich daran gebunden, mit der Bahn zurückzufahren? Wo war denn der Busbahnhof? Der müsste in der Nähe sein. Der muss immer in der Nähe sein, sonst klappt doch das System mit dem Schienenersatzverkehr überhaupt nicht.

Der Soldat machte ein skeptisches Gesicht. Um diese Stunde ein Bus? Meister, wo lebst du denn!

Langsam ging Plätzke diese Vertraulichkeit auf die Nerven. Er musste die Sache in die Hand bekommen. Dann eben Taxe.

Jetzt feixte der Eisenbahner. Warum nicht Draisine?

Gibt es denn noch welche?

Genau so häufig wie Taxen in der Nacht. Wir haben hier übrigens wirklich noch eine. Dann erklärte er, wo man versuchen könnte, anzurufen.

Die aus maschenwirksamer Tätigkeit aufgestörte Fahrkartenverkäuferin reichte das Höhrrohr aus dem Schalterfensterchen.

Der Ruf geht raus.

Leider wird er nicht erhört.

Ist aber die Nummer vom Kraftverkehr. Vielleicht hat der Dispatcher schon Feierabend, Mitternacht ist lange vorbei.

Scheißspiel, sagte der Soldat und Plätzke korrigierte ihn wieder nicht. Missmutig trabten die Leidensgefährten zum Bahnsteig zurück. Dort gab es einen Warteraum. Besser, als im Freien, sagte Plätzke. Freu dich nicht zu früh, warnte der Soldat.

Jetzt reicht es mit dem Duzen, dachte Plätzke. Laut aber sagte er mit einer angedeuteten Verbeugung: Herbert Plätzke. Der Versuch, der Etikette zum Durchbruch zu verhelfen, scheiterte kläglich. Der Lange reagierte überhaupt nicht. Er suchte den Lichtschalter. Fand ihn, knipste zwei-, dreimal. Es blieb dunkel im Warteraum.

Die Tür ließ sich auch nicht fest schließen. Der Soldat zog die Schultern hoch und setzte sich Plätzke gegenüber auf die Bank. Es wehte kalt durch den Türspalt. Als Plätzke morgens losgefahren war, sah der Tag noch nach

Spätherbst aus. Nun plötzlich dieser Wintereinbruch. Schneegestöber zu Weihnachten, bestimmt sechs Grad unter Null. Konnte doch niemand ahnen, dass sich die Wetterfrösche mal nicht geirrt hatten. Solange man Wut im Bauch hat, spürt man die Kälte gar nicht so, dachte Plätzke und versuchte vorsichtig, sich anzulehnen. Zum erbarmungslosen Angriff des Frostes kam der Frust. Diese Machtlosigkeit gegenüber dem Schicksal. Und der Warteraum war ja nun wirklich das Letzte!

Herbert Plätzke formulierte in Gedanken einen geharnischten Beschwerdebrief an den obersten aller Eisenbahner. Das müssen Sie gesehen haben, Genosse Minister, das spottet jeder Beschreibung! Dunkel, ja. Kalt, auch vorstellbar, es ist Winter. Schmutzig, na klar, schlampiges Verhalten der Fahrgäste und keine Leute. Gestank als Resultat des Schmutzes. Aber hier ist alles zusammen zu bewundern. Vielleicht sollten Sie eine Kommission berufen .. ah ja, auch keine Leute.

Ohne Absprache wagten die Schicksalsgenossen angesichts der Trostlosigkeit des Warteraumes einen Ausfall. Ob die Eisenbahner nicht doch besseren Rat wüssten? Notfalls die Draisine, für ein kleines Handgeld? Die Kollegen ließen sich gar nicht stören in ihrer Aufmerksamkeit für eine noch sehr junge, sehr adrette Eisenbahnerin. Warm haben sie es auch, die werden die Nacht schon überstehen. Hoffentlich wird es der kleinen Schaffnerin nicht zu heiß! Leider kann man das von außen nicht überprüfen. Was ist denn noch, Herrschaften, das ist ein Dienstraum, könnt ihr nicht lesen? Der ist für Reisende tabu!

Auch, wenn die frieren?

Und wenn die noch so frieren, Vorschrift bleibt Vorschrift. Gut, aber der bahnseitige Kohlevorrat, der wird doch wohl allgemein zugänglich sein? Der Warteraum hat zwar einen Ofen, aber der fühlt sich schon sehr kalt an.

Tja, Kollegen, Kohlen sind da. Aber die nutzen euch wenig. Die Brennstelle des Warteraumofens befindet sich unter Verschluß. Bei der Bahn ist alles sicher.

Am sichersten sind die Verspätungen, knurrt der Soldat, der die Augen gar nicht lassen kann von der hochroten Bahnerin. Aber er sagt es wohlweislich leise. Schließlich hatte er zugegeben, dass er selbst schuld war an seinem Missgeschick. Im Warteraum fasste er das Ergebnis der Aktion Kohlebeschaffung zusammen. Wieder nur in einem Wort.

Und fügte nach einer Weile hinzu: die sind genauso vernagelt, wie meine lieben Vorgesetzten! Ob das an der Uniform liegt?

Plätzke war sofort hellwach und argumentationsbereit. Aber jetzt war der Junge in Fahrt. Sein Urlaubsschein war für mittags ausgeschrieben gewesen. Fix und fertig und gesiegelt. Da lassen die sich noch eine Fuhre für den Transportfahrer einfallen. Und die ließ sich nicht in zehn Minuten erledigen. Weihnachtsbäume holen, als ob sie das nicht eher gewusst hätten. Da hatte doch bestimmt einer was vertrieft. Ausgerechnet die Hallelujahstauden verkürzten ihm nun den Festurlaub. Aber das war typisch für die Transportkompanie, diesen Saftladen. Einer hü, der andere hott. Wer hatte es auszubaden? Der kleine Soldat. Der kleine? Na, na, Plätzke wagte den Scherz, um den Jungen womöglich auf diese Art von seiner Tirade abzubringen. Der bekam es sonst fertig, und verbreitete kritische Schlussfolgerungen über die Vorgesetztenhirarchie am vielleicht völlig untypischen Beispiel seiner Kompanie.

Der Soldat war nicht zu bremsen.

Die müsste man mal in einen Betrieb stecken, nur für eine Woche. Die würden sich umgucken. Ehrlich, einig waren sich diese Vorgesetzten bloß, wenn es gegen die Soldaten ging. Vor allem die neuen. An die älteren trauten sie sich nicht ran, weil die womöglich aufzuckten.

Jetzt meldete Plätzke aber doch Zweifel an. Dienst ist ja wohl Dienst, wie er sich denken könne, und die Vorschriften gelten nach seiner Kenntnis für alle.

Quatsch mit Soße, sagte der Soldat. Und was das Schlimmste ist: die vertragen keine Kritik.

Plätzke hatte wirklich nicht übel Lust, die lautstark behaupteten Zustände in der Transportkompanie nebst der Charakteristik der Vorgesetzten in arge Zweifel zu ziehen. Aber er hütete sich dann doch, Öl ins Feuer zu gießen. Sollte sich der Bursche ruhig Luft machen, vielleicht wurde ihm dadurch wärmer. Wenn man wenigstens ein paar Kohlen bekäme. Die Kälte kroch schon in die Hosenbeine. Da nutzte der archaische, lange Wintermantel des Soldaten wohl auch nichts mehr. Plätzke hatte ihn um das Stück heimlich beneidet. Er trug nur dieses modische Freizeitjäckchen, das ihm Gina im Herbst aufgeschwatzt hatte. Für den Spottpreis von sechshundert Mark. Dafür sollte es wärmer halten.

Immer noch viereinhalb Stunden.

Ob man das aushält? Man traute sich kaum, an die notdürftigsten Verrichtungen zu denken. War das Gedankenübertragung? Die beiden Reisenden gingen wieder gemeinsam auf die Suche. Diesmal nach einer entsprechenden Örtlichkeit. Um festzustellen, dass die natürlich auch fest verschlossen war. Na, jetzt war es egal, der Bahnhof hatte schließlich auch vorher nicht nach Veilchen oder Rosenöl geduftet.

Die anschließende Aufwärmrunde über den Bahnhofsvorplatz brachte keine neuen Erkenntnisse. Der Soldat entdeckte zwar eine Busverbindung in die Nähe von Päwesin, aber die kam auch erst in den frühen Morgenstunden zustande.

Als sie sich wieder zum Bahnhof wandten, entdeckten sie das Auto auf dem Taxenhalteplatz. Leise vor sich hin brummelnd stand dort ein zweifarbiger Dienstwagen. Zwei Mann Besatzung. Also mindestens zwei freie Plätze. Warum sollte man die sprichwörtliche Freundschaft und Hilfsbereitschaft nicht testen? Das Ergebnis jedoch war trotz Plätzkes launiger Anfrage niederschmetternd. Die Genossen Ordnungshüter erwiesen sich als verständnisvoll und auch in gewissen Grenzen humorig, aber helfen konnten sie nicht, sagten sie. Ja, wenn Plätzke und Co hilflose Personen wären ...

Sind wir, sind wir doch! riefen beide im Chor.

Nun, dann wäre Krankenhaus angesagt. Am Rande der Stadt. Und auf eigene, nicht unbeträchtliche Kosten. Dann doch lieber die letzten drei Stunden tapfer durchfrieren. Die Verwünschungen und Vergleiche des Soldaten wurden vom Heizgebläse des Streifenwagens offensichtlich übertönt. Plätzke, die Bürde des Älteren tragend, vermerkte es mit Erleichterung.

Nach dem Ausflug wirkte der Warteraum anheimelnd warm. Für etwa zehn Minuten. Mit der zurückkehrenden Kälte wehte Herbert Plätzke ein Gedanke an, der ihn noch mehr erschauern ließ. Wie sollte er, der Pünktlichkeitsfanatiker, der Ordnungsliebende, der theoretische Perfektionist, sein unvermutetes Ausbleiben im Familienkreis erklären? Vielleicht suchten sie ihn schon? Die Wahrheit glaubte ihm doch kein Mensch! Außerdem schadete sie seinem Nimbus. Er hörte es förmlich. Zu dumm zum Bahnfahren. Und was, wenn Regina auf die Idee käme... immerhin, er war in den besten Jahren! Nicht auszudenken! Sicherheitshalber würde er sich die Adresse des Päwesiners notieren, wenngleich unter einem Vorwand. Der musste nicht wissen, mit welchem Problem der vorsorgliche Planer rechnete.

Herbert Plätzke rückte sein exquisites Umhängetäschchen als Kopfkissen zurecht und legte sich, dem Beispiel des Soldaten folgend, auf die inzwischen zum Ofen gerückte Bank.

Als er aufschreckte, war die Nachbarbank leer. Der Lange hatte wohl den Bus erwischt.

Im Triebwagen zurück nach Randstadt musterten die Stammfahrer den unbekannten und verkötterten Fahrgast Plätzke ziemlich ungeniert. Der setzte ein abweisendes Gesicht auf.

Natürlich lachten erst mal alle über Plätzkes Missgeschick. Die Kinder, Regina, die Kollegen. Dann kamen die Zweifel, die geradezu sichtbare Grübelei über die Wahrhaftigkeit der Story von der Nacht in Nauen, die Bewunderung einiger weniger Kollegen über diese schlitzohrige Begründung nächtlicher Abwesenheit. Plätzke lachte zuerst mit den anderen. Als er die Fragen seiner Frau als Fangfragen erkannte, wurde er langsam wütend. Regina erwies sich als hartnäckige Detektivin. Natürlich erinnerte sie sich an längst vergangene Zeiten, in dieser Beziehung haben Frauen ein untrügliches Gedächtnis! Meine Güte, die Romanze lag fast ein Jahrzehnt zurück. Und Plätzke hatte seinen Fehltritt zugegeben. Sogar bereut. Regina blieb halsstarrig. Wer sagte ihr denn, dass es tatsächlich Nauen war? Konnte Plätzke die Nacht vor Weihnachten nicht genau so gut in Leipzig zugebracht haben? Oder in Berlin? Es war, mit Verlaub, ein Scheißspiel, in dem Plätzke ganz miese Karten hatte. Eine vollständige Rehabilitierung war anscheinend nur durch den Leidensgefährten möglich. Der musste gefunden werden, koste es, was es wolle! Plätzke beantragte Resturlaub. Und nun saß er in der verräucherten Nordlandkneipe und fragte, fragte, fragte ...

Als der aus Päwesin stammende Soldat Kranz hörte, dass da schon seit Tagen einer nach ihm fragte, fiel auch ihm die Nacht von Nauen wieder ein. Er erinnerte sich, dass er einem Wildfremden Auskünfte über seine Vorgesetzten erteilt hatte, die wenig schmeichelhaft geklungen haben mochten, so wütend, wie er über den Aufenthalt war. Was Wunder, dass er sich hütete, diesem Plätzke über den Weg zu laufen.

1988

Baltischer Monolog

Sie sind die Dolmetscherin? Das ist aber eine positive Überraschung in dieser verworrenen Situation.Also, mir fällt ein Stein vom Herzen. Mein Russisch ist nicht so gut, und ich habe den Eindruck, es will hier auch keiner verstehen. Das ist mir im Hotel schon aufgefallen. Sie werden mich hoffentlich verstehen können. Verzeihung, wo haben Sie deutsch gelernt? Ach, man spricht es in Ihrer Familie? Natürlich werde ich gern langsam sprechen und mich um kurze Sätze bemühen. Werden Sie simultan übersetzen? Es dauert aber ein bisschen, denn eigentlich fängt die Geschichte in Schönefeld an, auf dem Flughafen. Da fangen bei uns alle weiten Reisen an. Diese hier ist eine Individualreise, so hieß das im Reisebüro. Und was auch auf mich zukommen mag, es war bis hierher alles wunderschön und gut organisiert. Ich kannte das gar nicht. Das beste ist, dass es keinen mehr oder weniger begabten Reiseleiter gibt, der als Leittier für die Herde fungiert. Oh, ich will gar nichts gegen diese Leute sagen, schließlich wäre man selbst auch froh, wenn man auf diese Art und Weise zu einem schönen und preiswerten Urlaub käme. Und viel zu tun scheinen diese Herrschaften ja nicht zu haben. Vielleicht liegt die Haupttätigkeit erst nachher in der Auswertung. Also, wir sind bis jetzt ganz gut zurechtgekommen. Wenngleich es mit der Sprache des Gastlandes hapert. Doch, ich finde schon, dass man die kennen sollte, obwohl sie hier wohl auch nicht helfen würde. Lettisch ist sehr schwierig, ja? Aber dann hätte ich auch nicht das Vergnügen gehabt, Sie kennenzulernen ...gut, also keine Komplimente.
Sonst war es eigentlich wie immer. Man kommt am Flughafen an, kennt niemand, kann also nur ahnen, wer zur Reisegruppe gehört. Manchmal irrt man sich. Was jedoch Mayers betraf, da hätte ich jede Wette gewonnen.

War schon komisch, dieses Pärchen. Er so unbeholfen, täppisch und korpulent, wie man in Büchern oder Filmen Junggesellen darstellt. Widerspruchslos hatte er sich von ihr zum Aufpassen neben das Gepäck stellen lassen. Er schwitzte unglaublich, traute sich aber nicht an den Getränkeausschank, um sich ein Bier zu holen. Vielleicht hatte er die gleichen Sorgen, wie ich damals bei meinem ersten Flug. Womit zahlt man im Transitraum? Die bunte Aufmachung war ungewohnt. Der Hauch von Welt schüchterte ein. Dabei konnte man mit unserem Geld schon bezahlen. Der Dicke traute dem Frieden nicht, das war zu erkennen. Oder er war ihretwegen so zurückhaltend. Sie, also die Frau Mayer, sah aus wie eine Lehrerin. Oberlehrerin. Haare glatt nach hinten und zum Dutt verknotet, grobgewebter Tweedrock, Anorak, derbe Wanderschuhe und zwei Fotoapparate. Mir war sofort klar, dass sie geübt war im Reisen und dass sie die Reiseziele vorwiegend durch die Objektive ihrer Kameras betrachten würde. Möglicherweise freut sie sich erst beim Lichtbildervortrag so richtig über das, was sie gesehen hat. Doch, bei uns berichten viele Leute in Vorträgen über ihre Reisen.

Frau Mayer, das heißt, zu Anfang kannte ich ihren Namen ja noch gar nicht, war sehr neugierig. Wer mögen denn die vier anderen sein, fragte sie Herrn Mayer sehr laut und ungeniert und sah sich um. Aber sie erwartete keine Antwort. Er durfte sogar ungerügt die Schultern hochziehen. Doch, jedesmal, wenn sie sich an ihn wendete, sah er aus, als erwarte er eine Kritik. Kann natürlich Einbildung sein. So gut lernt man sich ja doch nicht kennen. Im Flugzeug mussten sie hintereinander sitzen. Die Fensterplätze waren durch Schüler einer zehnten Klasse besetzt. Abschlussfahrt. Oder bessr Abschlussflug. Was die mit sechzehn schon alles erleben! Fliegen scheint für sie etwas Alltägliches zu sein. Diese halben Kinder tauschten Erfahrungen aus über Flugplätze, Flugzeugtypen, Start- und Landebahnen in Irkutsk und Havanna, Start und Steigflug, Sinkflug und Landung, da kommt unsereins nicht mit. Ich war, warten Sie mal, ja, ich war fünfundvierzig, als ich zum ersten Mal flog. Also, mitflog. Hört sich immer so großartig an: ich bin geflogen. Solche Prahlereien. Mayers hatten doch Flugerfahrung, das sah man jetzt. Keine Nervosität, kein noch so flüchtiger Blick zur Mutter Erde. Von der Bordverpflegung ließen sie nichts zurückgehen. Wer weiß, ob man nicht mal einen Nothappen braucht. Nur nichts umkommen lassen, was im Preis inbegriffen war. So ein sparsames Ehepaar denkt an alles.

Später im Hotel in Leningrad, wir sind über Leningrad gekommen - das war für mich besonders interessant, weil ich schon mal da war; hat sich aber ganz schön verändert. Früher war alles so sauber und die Geschäfte waren auch voller - im Hotel also stellte sich heraus, daß Mayers gar nicht verheiratet sind. Sie kochen nur zusammen. Nein, nein, das sagt man bei uns, wenn zwei Leute ohne Trauschein zusammenleben. Sie hatten also verschiedene Familiennamen. Aber aufgerufen wurde immer Mayer. Mit "a" und "y". Übrigens, das andere Paar, wir sind ja sechs Leute, ist auch nicht verheiratet. Distinguierte Leute, wie man früher so sagte. Da wäre ich nicht drauf gekommen. Bei dem Partnerlook.Teure Lederjacken, teure Koffer, gute Kosmetik. Ich habe eine Nase dafür. Ihr Parfüm ist übrigens kein russisches, die sind greller. Nein, nein, kürzer geht es nicht, das gehört alles dazu. Ja, also die beiden. Über das Geturtel kann man sich nur wundern. Sie lassen sich nicht aus den Augen. Und wenn es geht, auch nicht aus den Händen. Der typische Rausch des zweiten Anlaufs. Ich kenne das. Da kann ich mitreden. Die zweite Ehe ist der Sieg der Neugier über die Vernunft. Hat ein Satiriker gesagt. Komme jetzt aber nicht drauf, wer es war. Ich habe die Neugier zweimal erlebt. Als ich zum zweiten Mal heiratete, lebte meine Mutter noch. Eigentlich wollte sie hierher. Das Geld, das sie für die Reise gespart hatte, gab sie mir für den zweiten Anfang. Aber es hat nicht geklappt. Ich war bald wieder Junggeselle. Einspänner. Einsiedler. Eremit. In unserer Gruppe sind wir zwei Solisten. Da ist noch ein Meister aus einer Leipziger Gießerei. Großverdiener. Jünger als ich und ein großer Schluckspecht unter dem Herrn. Das sagt man, wenn jemand gerne trinkt. Ich glaube, der hat nur Flaschen im Gepäck. Fing im Flugzeug schon an zu trinken. Falls die Landung nicht klappt, sagte er. Wäre doch schade um das Zeug. Erst dachte ich, dass diese neue Trockenheit in Ihrem Land seine einzige Sorge sei. Aber das stimmt nicht. Er muss ein ordentlicher Arbeiter sein. Gut zu leiden. Und beobachtet ziemlich genau. Für mich ist er der einzige, mit dem ich reden kann. Mayers fotografieren, Dr. Sandberg und Frau Wernsdorf turteln. Oder sie trinken an der Hotelbar ein Glas Sekt. Bevor sie sich aufs Zimmer zurückziehen. Ich bin also öfter mit dem Weber losgegangen. Nein, nein, Gießer ist sein Beruf. Metallguß. Sein Name ist Weber. Gert Weber. Er nennt sich Dschirá. Nur so, aus Daffke. Aus Spaß. Ansonsten kann er nicht mal hochdeutsch als Fremdsprache. Nur sächsisch. Saxonia. Ich komme schon zur Sache, aber irgendwie gehört das dazu. Sie verstehen doch alles? Was Sie nicht sagen, Sie haben zwei Jahre in Potsdam gelebt? Schade, daß wir uns da nicht mal in Sanssouci getroffen haben. Na, nichts für ungut, ich will Sie doch nicht ärgern. Was glauben Sie, wie froh ich bin, daß man Sie geholt hat. Sie sind so freundlich und charmant, Sie könnten im diplomatischen Dienst arbeiten. Dafür habe ich ein Auge. Ich hätte warten sollen, bis mir so etwas Hübsches und Nettes über den Weg läuft. Hat mir meine Mutter auch immer geraten. Ein bißchen Schuld war sie schon an meiner Familienuntauglichkeit. Sie hat mich in Schutz genommen, da konnte kommen, was wollte. Meine Schwester ärgert sich heute noch darüber. Ich war der Mann im Hause. Mutter war ja erst achtunddreißig, als mein Vater eingezogen wurde. In den Krieg ging. Wenn man sich das heute vorstellt. In einem Alter, wo vieles erst anfängt, waren die Frauen damals schon allein. Auch nach dem Krieg. Völlig auf sich gestellt. Natürlich, bei Ihnen auch, ich weiß das schon. Der Zwang zur Lebenserhaltung, vor allem für die Kinder. Viele Frauen ohne Beruf. Die Kinder nicht versorgt. Da gab es keine Kindergärten. Wenn sich die Frauen um den Broterwerb kümmerten, rannten wir Gören auf der Straße herum oder spielten in den Trümmern. In den Ruinen. Spielzeug gab es nicht. Aber jede Menge Fundmunition, die noch scharf war. Da sind schreckliche Dinge passiert bei den Schlüsselkindern. Wir hatten die Hausschlüssel um den Hals gebunden. War nicht schön. Aber kein Vergleich mit den Papptäfelchen, die wir während des Krieges trugen. Da standen Namen und Adressen drauf, falls wir verloren gehen sollten auf dem Treck. Das ist ein Wort für Flüchtlingstransport. Von wegen Transport. Marschiert sind wir. Zu Fuß ging es vor der Front her, später wieder zurück. Hinter die Front. Glauben Sie mir, das war fast noch schlimmer, vor allem für die Frauen. Was wir gelaufen sind. Nach dem Kriegsende fast jedes Wochenende im Sommer über Land. Auf die Dörfer. Zum Tauschen, Handeln und Stoppeln. Das ist ein Wort für Ährenlesen. Private Getreideernte. Durfte man sich nicht bei erwischen lassen. Manchmal wurden nur die Ähren mit einer Schere abgeschnitten. Wehe, wenn uns ein Bauer aufstöberte. Die Felder waren damals sehr sauber, es wurde alles gesammelt und verwertet. Gehandelt wurde ums nackte Überleben. Heute wird bei uns auch gehandelt, aber das ist eine ganz andere Situation. Damals ging es um

Essen und Trinken. Oder ums Rauchen. Oh danke, ich nehme gern eine, die sind so schön kräftig.

Also, was die Raucher damals für eine Zigarette hergaben, war sagenhaft. Unvorstellbar. Küchenhocker, Bleistifte, Nähnadeln, Glühbirnen. Ich weiß, Lampen. Früher sagte man Glühbirne und jeder wusste Bescheid. Das muss für Ausländer besonders schwer sein, stimmts?

Wir brauchten damals nicht viel. Zigaretten gab es auf Zuteilung, auf Karten für Lebensmittel. Schnaps auch. Aquavit. Den goß Mutter in den Tee, wenn wir erkältet waren. Sollte den Husten lösen. Zigaretten wurden gegen braunen Rohzucker eingetauscht. Oder gegen Fallschirmseide. Wir lebten zu dritt in einem Raum, Mutter, meine Schwester und ich. Zweieinhalb mal vier Meter. Eine Wand schräg, keine Kochgelegenheit. Da lernt man Bescheidenheit. Aber die verliert sich wieder. Auch die, die hundert Jahre trocken Brot fressen wollten nach dem Krieg, klagen heute über alles, was es nicht gibt. Ja, natürlich, Sie kennen das. Bitte entschuldigen Sie, ich habe nicht dran gedacht. Aber bei uns vergleichen die meisten eben mit dem Westen. Wir können das ja im Fernsehen erleben, was es da alles gibt.

Wir haben schon eine Menge gesehen in Ihrem Land, der Weber und ich. In Tallin waren wir sogar privat eingeladen, einfach so, von der Straße weg. Bei Leuten, die in einem Neubaugebiet wohnen. Lasnamae, fast wie Berlin-Marzahn. Die Stadtführerin hatte uns von einem deutschen Dichter erzählt, der hatte da in der Altstadt eine Liebesaffäre mit zwei Schwestern. Ich kannte nicht mal den Namen von dem Mann, keine Biografie, keine Werke, kein Jubiläum, keinen Schimmer. Stimmt genau, Paul Flemming. Warum soll man sich schämen, wenn man noch nie etwas gehört hat. Weber zuckte natürlich auch mit den Schultern. Und der ist ja nun viel jünger. Nur Dr.Sandberg nickte zu jedem zweiten Satz. Frau Mayer fotografierte den Hauseingang, die Gedenktafel und die Stadtführerin. Heißt Ulwi. Ein richtiges estnisches Kind, denke ich mir. Gesund und kräftig, blitzende graue Augen, weiße Zähne. Feuerrsbrrunst und Rritterrschaft sagte sie besonders wirkungsvoll. Hört sich fast an, wie das Plattdeutsch an unserer Küste. Weber versuchte natürlich mit ihr anzubandeln. Aber außer einem schelmischen Lächeln war nichts zu erben. Kein Glück in der Liebe. Auf dem Domberg, beim Blick über die Stadt, kamen wir mit diesem Ehepaar ins Gespräch. Ulwi erklärte dem Paar Mayer gerade, was - warten Sie, das habe ich aufgeschrieben- hier:LIIKUSOHUTU STAUTUS heißt. Hört sich toll an, bedeutet nichts anderes, als Verkehrsüberwachung. Na, sowas merke ich mir gern. Wir hatten nachmittags Zeit und nahmen die Einladung an. Weber und ich. Die anderen hatten ja etwas vor. Fotografieren. Oder turteln. Wir beide sahen auf diese Weise mehr, als nur den schönen Yachthafen und das Brigittenkloster. Eine interessante Sprache ist das, estnisch. Aber Ihr lettisch klingt auch wunderschön. So melodisch. Die Ulwi hat uns erklärt, ihre Landsleute seien auf der Völkerwanderung müde gewordene Finnen, deswegen ähneln sich die Sprachen. Statt Brigitta sagen die Esten Pirita. Wir fuhren den ganzen Nachmittag mit unseren Gastgebern herum. Wir waren auch im Kirow-Kolchos. Eine moderne Kleinstadt am Rande von Tallin. Kindergarten, Poliklinik, Tropenhaus, Kulturhaus, individuelle Reihenhäuser für die Bauern. Eine schwerreiche Vorzeigegenossenschaft, das sieht man gleich. Später haben wir festgestellt, dass wir da gar nicht hingedurft hätten. Lag nämlich außerhalb der Bannmeile für Touristen. Und wir hatten uns schon gewundert, warum uns das Ehepaar gebeten hatte, den Schnabel zu halten, wenn jemand kam. Na, das müssen Sie ja nicht übersetzen. Ich sage es nur, weil ich das hier vielleicht gar nicht probiert hätte, wenn ich nicht gewusst hätte, dass es geht. Wir sind ja nun wirklich keine richtigen Ausländer, das haben Sie selbst bestimmt gemerkt. Jedenfalls keine feindlichen. Schade, sonst war nämlich alles ziemlich locker, viel angenehmer, als sonst in einer Reisegruppe. Nicht diese Hammelherde. Einer vorneweg, alles hinterher, Pause zum Fotografieren oder Pinkeln...Verzeihung. Spaß macht das nicht, aber wenn man den Unterschied nicht kennt? Komisch ist nur, dass wir überall sofort von einem Intouristmenschen in Empfang genommen werden. Ohne Erkennungszeichen. Das ist so perfekt organisiert, die stehen mit einem Gepäckträger vor der Abteiltür, da hat der Zug noch gar nicht richtig gehalten. Ja, seit Leningrad fahren wir mit dem Zug, nur von Vilnius aus wird wieder geflogen. Wir waren mit den Leuten aus Tallin auch in deren Wohnung. Toll eingerichtet, dicke Teppiche, schöne Möbel, noch richtiges Holz. Ihr scheint ja wohl die Reichsten im Lande zu sein, Ihr Balten. Natürlich hatten sie auch Schnickschnack. Im Russischen weiß ich das Wort: Melotschki. Das eine oder andere behält man ja doch. Noch dazu, wenn es so lustig klingt. Schade, dass sie uns das nicht in der Schule beibringen. Da kann man nach fünf Jahren Unterricht nicht mal russisch trinken oder lachen. Sicherlich, man kommt ohne Fremdsprachen aus. Was haben wir gelacht, Weber und ich, als Frau Mayer in Leningrad ihre Bildung vorführen wollte. Sollte wohl englisch sein, was sie fragte. Das Mädchen an der Rezeption sah sie eine Weile an und fragte dann, ob sie nicht lieber deutsch sprechen möchte, es wäre ihr lieber. Hier in Riga an der Hotelbar hat sie den nächsten Hieb bekommen. Da saß vorgestern ein Australier, so ein Weltenbummler. Gebürtiger Lette. Alle fünf Jahre fliegt er nach Europa, mietet sich ein altes Auto und kutscht durch die Lande. Zum Schluss immer nach Riga. Nur wegen des

"Schwarzen Balsams", behauptete er. Die Frau, die neben ihm saß, muss mal sehr schön gewesen sein. Er ist mit ihr zur Schule gegangen, sagt er. Wer´s glaubt. Dieser Australier übersetzte Frau Mayers englisch für die Barfrau und bat sie, richtig deutsch mit ihm zu reden. Möglichst ohne den Satzdreh, den wir unweigerlich fabrizieren, wenn wir mit Ausländern reden. Weber wollte natürlich wissen, wie er das macht, ein halbes Jahr durch die Weltgeschichte zu reisen. War ganz einfach für ihn. Das ist die Zeit, wo er sowieso arbeitslos ist. Schafe scheren ist Saisonarbeit. Und wenn er erst mal den Flug zusammen hat, kommt er zurecht. Man muss natürlich sparsam sein. Alles genau berechnet. Uns stand der Mund offen. Und dann hat er uns auf Jurmala gebracht. Das müsst ihr doch gesehen haben, wenn ihr in Riga wart. Man kann mit einem Tragflächenboot hinfahren. Ich weiß, sagte Weber, der Hafen ist an der Dwina. Daugava, ja, natürlich. Wenn Weber die Karten besorgte, wollten diesmal alle mitfahren. Eine lustige Seefahrt. Unterwegs ging der Motor vom Boot ein paarmal aus. Erst dachte ich, die machen das mit Absicht, diese Schlitzohren. Warten Sie, Chidri, richtig? Aber da war wirklich etwas kaputt, und dann quer zur Dünung, da bekamen die ersten schon Angst. Ist aber alles gut gegangen. Im Ort sind wir erst ein bisschen herumgelaufen. Mayers haben fotografiert, die beiden anderen, na, das ahnen Sie jetzt wohl schon. Vorsichtshalber hatten wir einen Treffpunkt ausgemacht, falls wir uns aus den Augen verlieren. Wir wollten nämlich mit der Bahn zurückfahren. Der Strand ist ja wunderbar. Fast leer. Also bei uns an der Ostsee, da würden Sie den Strand vor Leuten nicht sehen. Waren Sie mal auf Rügen? Na, überall ist das mit den Nackten auch nicht, aber Sie mögen das wohl nicht sehr. Bei Ihnen gibt es so etwas nur einmal, auf der Krim, habe ich gehört. Dicki Plasch, wilder Strand. Hört sich auch lustig an. Ja,

sonst war es doch ähnlich, wie bei uns in den Badeorten.
Restaurants, Kramläden, Souvenierstände, Andenken,
Krimskrams. Kitsch, Nippes, sehen Sie, wenn man lange
genug sucht, findet man schon ein internationales Wort.
Ein Strandfotograf war natürlich auch da, mit einem
Kamel aus Holz. Also, was er sich dabei gedacht hat...an
der See! Diese herrliche weit schwingende Bucht, die
sanften Wellen, das war sehr schön. Man kommt
überhaupt nicht drauf, dass das im Winter so gefährlich
werden kann. Die Geschichte mit den Eisanglern stand bei
uns in der Zeitung. Trotz Warnung waren es ja wohl
hunderte, die auf einer Scholle abgetrieben sind.
Tausende? Oh! Wahrscheinlich ein nationaler
Sportfanatismus.
Irgendwie haben wir die Mayers abgeschüttelt. Verloren.
Sie wollte unbedingt die Füße ins Meer halten, er sollte
das fotografieren. Fragen Sie mich nicht nach dem Sinn.
Dokumentenfetischismus. Das verstehen Sie? Das
Komplizierte scheint Ihnen zu liegen. Na, Weber und ich,
wir hatten plötzlich Durst. Also suchten wir uns einen
Kwaß-Verkaufsstand. Das ist ein herrliches Mittel gegen
den Durst. Weber kannte das Getränk nicht und verzog
erst einmal das Gesicht. Die Verkäuferin lachte. Das war
so eine richtige Matroschka. Eine Russin, aha. Die
lettischen Frauen sind schlank, oh, das ist uns gleich
aufgefallen. Und elegant. Aber die war dick und rund. Und
lachte schallend. Über den Weber. Den hatte es nämlich
gepackt. Drei solche Riesengläser hat er ausgetrunken.
Hintereinander weg. Die Frau kam gar nicht mit dem
Gläserspülen nach. Sie solle doch einfach wieder
einfüllen, hat Weber ihr mit seiner Zeichensprache
klarmachen wollen. Aber da kam er schön an! Vielleicht
hatte sie Angst um ihre Lizenz. Hygiene, hat sie gerufen,
Hygiene, du Ausländischer. Keine Kultur, ihr Germanis.
Jetzt lachten wir. Dann sind wir langsam zum Bahnhof

getrabt. Mayers und Sandbergs waren schon da. Sie
wussten auch, mit welchem Zug wir fahren mussten. Der
Dr. Sandberg hatte Fahrkarten gekauft und gab sie jedem
in die Hand. Man wusste ja nicht, wie voll der Zug werden
würde.

Weber und ich, wir verschwanden vorsichtshalber noch
mal. Der Kwaß drückte allmählich durch. Drei solche
Gläser! Als wir zum Bahnsteig zurückkamen, stand ein
Zug da und ein anderer fuhr ein. Weit und breit nichts zu
sehen von Mayers und Sandbergs. Also saßen sie schon im
Zug. Und weil der so ein Signal tutete, sprangen wir auch
schnell hinein. Wir haben uns auf die Logik verlassen.
Wenn einer nicht draußen steht, ist er drinnen. Als Weber
auf die Idee kam, den Stationsplan zu studieren, da waren
wir schon fast hier in Tukums. Jetzt wussten wir, daß wir
in die falsche Richtung gefahren waren. Na, wir hatten ja
Zeit und Vorortzüge fahren überall auf der Welt in kurzen
Abständen. Ob in Leipzig, Paris oder Riga. Paris weiß ich
aus dem Fernsehen. Woher sonst.

Als ich das Bahnhofsschild las, war mir überhaupt nichts
dazu eingefallen. Das kam erst, als wir im Restaurant
saßen und auf unser Essen warteten. Weber hatte die
Bestellung übernommen. Das kann der prima, mit Händen
und Füßen. Der geborene Pantomime. Ich hatte also
Pause. Und wusste plötzlich, woher ich den Ortsnamen
kannte. Das war plötzlich da, wie ein Bild. Ein
Zeitungsausschnitt. Genau, das war es. Ein Fetzen
bedrucktes Papier. Frontbericht mit Karte. Riga, Tukums,
Dzuksde. Einem Brief beigelegt, den die Mutter im
Oktober vierundvierzig bekommen hatte, kurz vor
Toresschluss. Als viele schon hofften, dass der Wahnsinn
bald ein Ende hätte. Wer konnte schon wissen, dass es
noch viel schlimmer kommen würde. Dresden, Potsdam,
Berlin, die Gustloff-Katastrophe in der eisigen Ostsee vor
Danzig. Ja, ich weiß, davor waren die 900 Tage der

Blockade. Ich war in Leningrad auf diesem Friedhof
Pissarjewskoje, und in Peterdworjez war ich auch. Es
hängt wohl mit dem Vaterland zusammen, wenn einem die
heimischen Schreckensorte eher einfallen.
Ich hatte meinen Vater nur als Urlauber in Erinnerung.
Oder als Durchreisenden von einem Lazarett ins andere.
Zuletzt glatter Armdurchschuss. Rauhe Tuchhosen,
graugrüner, spitz ausgeschnittener Wehrmachtspullover,
so lag er eines nachmittags auf dem Sofa. Ich turnte auf
seinem Bauch, er spielte mit mir und schlief dann
plötzlich. Mutter hob mich vorsichtig herunter und deckte
ihn zu. Am nächsten Morgen war er schon wieder fort.
Ostfront. Zwei Wochen später kam das sogenannte
Führerpaket. Mit Hirse und Fliegerschokolade in einer
runden Büchse. Mutter war weiß wie eine Wand, als die
Postfrau gegangen war. Ich erinnere mich an den Tag. Aus
den Fenstern hingen Fahnen, Leute zogen Handwagen mit
alten Sachen durch die Straße. Winterhilfswerk. Da waren
an der Ostfront schon alle Messen gesungen. Später
kamen noch ein Brief von Vaters Kompaniechef und ein
kleines Päckchen mit persönlichen Sachen. Armbanduhr
und Zigarettenetui. Haben wir alles aufgehoben. Auch die
letzten Feldpostbriefe und den Zeitungsausschnitt. Hier in
der Nähe hatte es ihn erwischt. Kopfverletzung. Im
Kessel; die eigene Artillerie hatte zu kurz geschossen,
schrieb der Kompaniechef, ein Leutnant Hoffmann. Für
Volk und Vaterland. Mutter glaubte nicht, dass er tot sei.
Sie hat sich daran geklammert, dass er wiederkommt.
Neunundvierzig stand er plötzlich in der Tür. Dünn,
kantig, pergamenthäutig, ausgemergelt von der Ruhr, die
er sich auf dem Transport geholt hatte. Wie ein gerupfter
Vogel, aber am Leben. Ich weiß, dass er hier nichts zu
suchen hatte. Aber ob er das begriff oder nicht, er war
hier. Später habe ich mich mal dafür interessiert. Die
Armeeabteilung Narva hatte versucht, vor der

sowjetischen Offensive Riga zu erreichen. Mitte Oktober, da war die Verbindung zwischen der Heeresgruppe Nord und Mitte nur noch ein fadendünner Schlauch von dreißig Kilometern Breite. Das werden die Eingeschlossenen schon gewusst haben. Vor ihnen die drei baltischen Fronten, hinter ihnen die Ostsee. Kein Ausweg mehr. Die Feldpostbriefe klangen nach heilloser Flucht. Rückzug in Eilmärschen, kaum noch Verpflegung, dafür reichlich Schnaps. Die haben das Ende gefühlt, hatten ja genug Erfahrung im fünften Kriegsjahr. Vielleicht wollte der eine oder andere wirklich die Flinte wegschmeißen. Nur getraut haben sie sich letztendlich doch nicht. Was wissen wir von dem psychischen Druck des unbedingten Gehorsams. Von der Wirkung der eingepaukten, eisernen Disziplin. Mein Vater war Beamter. Mein Gott, das hörte sich immer so nach abgehobenem Leben an, wenn Mutter später davon sprach. In Wahrheit war er eine Art Sachbearbeiter in der Bank, in der er Arbeit gefunden hatte. Gute Handschrift, Kopfrechnen, freundliches Wesen, dazu pünktlich und korrekt. Sportlich, aktiver Ruderer. Er hätte es weit gebracht im Leben, wenn der Krieg nicht gekommen wäre. Nach seiner Heimkehr hat er in einer Möbelfabrik gearbeitet. Seine Bank war in den letzten Tagen des Krieges dem Erdboden gleichgemacht worden. Niemand dachte an eine neue Bank. Aber Möbel wurden gebraucht. Also klebte er Fournier auf Schranktüren, tagein, tagaus. Über die vier Jahre, die er hier im Land war, hat er kaum gesprochen. Die haben alle nicht viel erzählt, die Heimkehrer. Nach und nach hatte Mutter herausbekommen, dass er durch ein Wunder überlebte. Durch einen Zufall. Die alten Bäuerinnen, die die Leichen zusammentrugen und bestatteten, so gut es ging, hatten ihn stöhnen gehört. Eine von ihnen pflegte ihn. Trotz der schweren Kopfverletzung und der Gefahr, der sie sich wohl selbst aussetzte mit einem versteckten Feind auf dem

Hof. Als er ihr zur Hand gehen konnte in der kleinen
Wirtschaft, wurde er entdeckt und ins Lager gebracht, zum
Bäumefällen. Vielleicht hat er da eine Liebe zum Holz
entwickelt. Richtig gesund wurde er nicht mehr. Der Kopf
hatte zuviel abbekommen. Fünfundfünfzig ist er
gestorben. Zuletzt saß er Abend für Abend auf dem
selbstgebauten Küchenhocker und schnitzte Schachfiguren
aus Holzabfällen. Geredet hat er kaum. Manchmal kramte
er in seinem Plenni-Koffer, einer ehemaligen
Munitionskiste, mit der er heimgekommen war. Darin lag
das selbstgefertigte Besteck, eine Blechschachtel, mit
deren Hilfe man Zigaretten drehen konnte, eine
Zigarettenspitze aus verblaktem Bernstein, eine Kapsel für
die Taschenuhr, verbeult von einem Querschläger, die
Entlassungspapiere und die Briefe. In einem war der
Zeitungsausschnitt mit der Karte von Riga. Auf dieser
Zeichnung war die Entfernung zwischen Tukums und
Dzuksde, wo er gefunden wurde, mit dem Daumen
zuzudecken gewesen.
Das alles ist mir schlagartig eingefallen. Mensch, Weber,
hab ich nach dem Essen gesagt, wenn es mich nun schon
bis hierher getrieben hat, dann würde ich gern noch ein
Stückchen weiter ins Land wollen. Ich habe versucht, es
zu erklären. Weber hat das nicht verstanden. Denkst du
denn im Ernst, du findest die Frau, die ihn gepflegt hat?
Das ist doch Blödsinn. Viel zu lange her, die lebt bestimmt
nicht mehr. Komm, lass uns mit dem nächsten Zug
zurückfahren, bevor man uns womöglich sucht. Das
könnte Ärger geben.
Der Weber hatte die letzten Sätze schon gegen eine Wand
gesprochen. Dieser Kwaß, habe ich gesagt und dann bin
ich raus.
Vor der Gaststätte war ein Busplatz. Von Tukums nach
Dzuksde, das musste doch ein Katzensprung sein. Die
Fahrplantafel war groß und übersichtlich. Aber Dzuksde

war nicht zu finden. Vielleicht wurde es anders geschrieben? Oder sie hatten es umbenannt? Ich versuchte eine alte Frau zu fragen, die auf einer der Bänke saß, vier dicke Beutel um sich herum. Wortlos stand sie schließlich auf, ging seufzend zum Plan und zeigte. Diese Linie, Söhnchen, aber du musst aufpassen. Steig nicht etwa schon am Bahnhof aus, das wäre viel zu früh. Ich weiß nicht genau, ob sie das gesagt hat, aber in russischen Filmen reden die alten Frauen so und das mit dem Bahnhof hatte ich begriffen. Den Bus fand ich auch. Weber würde schon allein losfahren, wenn er merkte, dass ich weg war.

Der Bus war nicht so neu und so komfortabel wie die Touristenschaukeln in Moskau und Leningrad. Er wurde ziemlich voll, ächzte und stöhnte, als er vom Busplatz kurvte. Aber er fuhr. Der Fahrer hatte mich lange angesehen. Passiert wohl doch nicht alle Tage, dass jemand einen Namen radebrecht und dann die Rubel hinhält. Zuerst hatte ich noch einen Sitzplatz. Dann stieg dieser ordengeschmückte Alte ein. Ich glaube, es waren acht, die er auf sein Jakett geheftet hatte. Er setzte sich wortlos, ohne mich eines Blickes zu würdigen, auf meinen angebotenen Platz. Wer weiß, für wen er mich hielt. Einer mit einem Lederwestchen und einem Umhängetäschchen war wohl nicht sehr seriös für ihn.

Ich dagegen sah den Alten an, musterte ihn genau. Hatte ja Zeit, der Bus brauchte fast anderthalb Stunden für die knapp sechzig Kilometer. Wenn Vater noch lebte, dann wäre er heute fünfundsiebzig. Der Alte konnte vom gleichen Jahrgang sein. Vielleicht hatten sie sich sogar gekannt? Aus dem Dorf oder aus dem Lager? Vielleicht waren es Orden für die Bewachung von Kriegsgefangenen? Ach, Spinnerei. Fantasie. Je länger ich unterwegs war, um so fragwürdiger erschien mir das ganze Unternehmen. Nein, wirklich, ich sage das nicht nur so. Sie können es übersetzen. Was wollte ich wirklich in Dzuksde? Wie es hier aussah, wusste ich ja nun. Breite Felder, von Gräben eingefaßte Wiesen mit ein paar mageren, individuellen Kühen. Dazwischen Häuser, denen man ansah, dass sie wahrscheinlich vor dem Krieg gebaut worden waren und dass man sie irgendwann danach notdürftig eingedeckt hatte. Überall rostbraune Dächer. Aus dem Hotelfenster habe ich sie auch in der Altstadt von Riga entdeckt.

Als wir endlich in Dzuksde ankamen, war ich schon erstaunt, wieviele Menschen da auf einmal zusammenstanden. Sogar zwei Milizionäre, vermutlich in ganz neuen Uniformen. Für einen Deutschen hat eine Uniform seit jeher etwas Autoritäres, Respekteinflößendes. selbst bei so jungen Kerlen. Bei uns ist es so: alle machen Witze über die Polizei, aber wenn sie auftaucht, möglichst noch mit einem Signalstab, dann vergeht einem das Lachen.

Als die beiden auf mich zukamen, die Hand lässig an die Mütze legten und etwas sagten, ich glaube, zuerst lettisch, da wurde mir ganz anders. Ich weiß jetzt noch nicht, wie die mich als Ausländer erkannt haben. An den Schuhen, meinen Sie? Ist ja kaum zu glauben. Nein, nein, Sie werden es schon wissen. Ich verstand jedenfalls kein Wort. Nicht eins. Das muss sie schließlich sehr aufgebracht haben. Bestimmt dachten sie, sie hätten einen erwischt, der sich unter einem Vorwand einschleichen wollte. Aber wer tut das schon so auffällig? Ich habe also vorsichtshalber immer wieder Drushba gesagt. Und Mir, Frieden. Und GDR. Die ließen sich nicht beeindrucken. Verstanden habe ich nichts, aber ich glaube, die haben mir geraten, endlich das Maul zu halten. Da habe ich also geschwiegen. Und mich hier abliefern lassen. Es konnte sich ja alles nur als Irrtum herausstellen. Hätte ich nur nicht diesen dämlichen kleinen Fotoapparat in der Tasche gehabt. Die Pentacon steckte in der Umhängetasche. An die habe ich überhaupt nicht gedacht, sonst hätte ich womöglich auch den Strand von Jurmala fotografiert. Oder die Kwaß-Madam. Nein, angeboten hat man mir nichts, außer dem Platz auf dieser Holzbank. Erinnert mich alles ein bißchen an ein Theaterstück von Gerhart Hauptmann. Im "Biberpelz" kommt so eine Polizeiwache vor. Solche Gedanken kommen einem, wenn man stundenlang wartet. Zwischendurch bin ich ein bisschen eingeschlafen, weil es so schummrig ist hier drin. Als dieser junge Vorgesetzte in Zivil kam, ging der Trubel noch einmal von vorne los. Der hat wohl auch angenommen, daß ich mich nur verstelle. Aber woher soll ich lettisch können, klappt ja nicht mal mit russisch. Das habe ich dann auch gesagt. Keinesfalls wollte ich ihn provozieren, dazu war die Situation viel zu ungünstig für mich. Selbstverständlich wird man mit der Zeit nicht freundlicher. Milizionäre auch nicht, das verstehe ich schon. War ja eigentlich auch kein richtiger Schlag, nur so ein Klaps, sagt man bei uns. Nein, es tat nicht sehr weh. Der eine Uniformierte war dann auch sofort dazwischen, obwohl der Zivilist scheinbar mehr zu sagen hatte. Na, und dann haben sie wohl doch endlich mit der richtigen Stelle telefoniert. Zuletzt konnten sie meinen Namen schon auswendig, ohne in den Ausweis zu schauen. Wirklich, ich kann Ihnen nicht erklären, warum ich in den Bus gestiegen bin. Es gibt jedenfalls keinen anderen Grund, als die Erinnerung. Meine Mutter wollte immer hierher, wollte sich bei der Bäuerin bedanken, die Vater gepflegt hat, wollte Blumen legen auf die Stellen, wo die Männer gefallen waren in diesem unsinnigen Sterben. Sie hat überall Blumen hingelegt, wo sie Soldatengräber fand, egal, in welcher Sprache die Grabinschrift war. Sie war eine einfache Frau. Um Zusammenhänge hat sie sich nicht gekümmert. Sie wusste nur, dass verwundete Soldaten überall auf der Welt nach der Mutter rufen in ihrer letzten Minute und dass man ihnen helfen muß, ob Freund, ob Feind. Das hat sie mir beigebracht. In Dzuksde hätte man bestimmt Blumen bekommen. Danke, dass Sie für mich übersetzt haben, der Untersuchungsführer wird wohl langsam ungeduldig.

1988

Neuere Alltagsgeschichte

Babette hat mir diese Geschichte erzählt. Man muss sie
sich also in der Diktion und im Tonfall des Prenzelberges
denken. Man muss sie lesen ohne Punkt und Komma, so
wie die Geschichten sind von jenem sanften und harten
November. Ohne Punkt und Komma, fließend, reißend,
alles mitnehmend, was nicht in den Strom wollte. Babette
hat sie mir mit einem Lächeln erzählt, mit einem Lächeln,
das ihr im Hals stecken blieb.
Gut, dass du nicht gefragt hast, wie es mir geht. Oder wie
es mir ging. Beschissen, aber ich bin übern Berg. Weißt
du, wenn man mit keinem reden kann, das ist wie eine
geistige Verstopfung.Und ich konnte doch nichts sagen, zu
wem denn auch? Die Weiber hier hätten sich totgelacht.
Natürlich hinter meinem Rücken. Die waren doch so
neidisch, richtig gelb vor Neid. Wenn Horst hier ankam,
hingen sie hinter den Gardinen. Mensch, ich weiß doch,
wie das geht. Und ich habe kein Hehl daraus gemacht, wie
gut er mir tat . War ja auch wunderbar. Freitags raus aus
dem Mief und Muff, rauf auf die Autobahn, hoch an die
See. Jeden Stein kannte ich an der Strecke, jedes Reh...
und jeden Bullen. Hinter Herzsprung standen sie oft mit
ihrem Radar und sie winkten schon, wenn ich mit meiner
vielfarbigen Rennpappe auftauchte. War mir doch egal,
wie das Wägelchen aussah, Hauptsache, es brachte mich
heil zu Horst. Ich fühlte mich sauwohl in seiner Clique.
Seesegler, rauh aber herzlich. Du, wenn da einer
Arschloch gesagt hat, dann war was dran. Die nehmen
keine Rücksicht auf eine Frau. Wer an Bord kommt,
gehört zur Crew, der muss sich einfügen und mitmachen.
Segeln, das hört sich toll an, war aber nicht luxuriös,

bestimmt nicht. Bei den ersten Fahrten dachte ich, ich soll im Boden versinken. Ging ja nicht, bei dem Wasser rundherum. Hock dich mal als Frau auf die eiskalte Reling, wenn du ein warmes, sauberes Leseklo gewöhnt bist! Aber das hat sich bald gegeben. Die Kumpels von Horst haben es mir leicht gemacht, auf den gewohnten Komfort zu verzichten. Im zweiten Sommer bin ich haargenau so angeschnauzt worden, wie jeder andere an Bord, wenn er zum Beispiel die Fock killen ließ. Klar, dass es mir Spaß machte, klar, dass mich meine Kolleginnen beneidet haben, wenn ich montags braungebrannt zurückkam. Den ganzen Sommer mit solchen Bilderbuchkerlen, da wäre wohl manche verückt geworden. Für mich kam außer Horst keiner in Frage. Wenn du so lange allein warst wie ich, dann dauert es schon ein Weilchen, bis man sich wieder entschließen kann. Dann aber mit Haut und Haar. Natürlich habe ich mir eingeredet, dass ich meine Selbständigkeit bewahren wollte, solange es ging. Deswegen die Fahrerei all die Jahre. Wir hätten längst zusammenziehen können.Zwei Wohnungen, voll eingerichtet, auch wenn es nicht ein Vermögen kostete, es war Geld. Aber ich wollte nicht, nicht gleich. Wie recht ich hatte, siehst du jetzt. Keine drei Wochen weiter, und ich wäre in den Strudel geraten, aus dem keiner mehr rauskommt. So schnell hätte ich gar nicht schalten können. War ja schon alles angemeldet, wir hatten den Termin. Und auf einmal alles zu Ende. Ich war in den ersten Wochen wie gelähmt. Nach Feierabend heimwärts ohne Aufenthalt, rein ins Bett und geheult bis sich der Schlaf erbarmte. Es ging nichts mehr. Wenn ich diesen Job nicht so gern machen würde, ich weiß nicht, ob ich es dann überstanden hätte. Aber wenn man einmal mit Büchern zu tun hatte, ach, was erzähl ich dir das! Morgens mochte ich mich nicht im Spiegel sehen. Zum Fürchten! Über eine Stunde habe ich manchmal gebraucht, um nicht auszusehen wie ein gerupftes Huhn mit Albinoaugen. Jeden Morgen den Fön angeworfen und gestylt, was die Perücke hergab. So bemalt bin ich noch nie in die Firma getrabt wie in diesen Wochen. Und die haben tatsächlich nichts gemerkt. Ich fahre freitags immer noch hoch, die Kumpels sind ja noch da. Aber trösten wollen oder können sie mich nicht. Das ist eine Erkenntnis, die braucht man. Keiner kann dir raten oder helfen, da musst du allein durch. Ehrlich, ich bin froh, daß die mich nicht zum Durchhängen kommen lassen. Alles so wie früher. Na ja, fast. Jedes Wochenende Trubel. Ich fürchte mich vor meiner leeren Bude. Dabei war ich das Alleinsein gewöhnt. Nie hätte ich gedacht, dass ich noch einmal in solche Abhängigkeit geraten würde. Man lernt eben nie aus.

Gut, dass ich den Schlag hier bekommen habe, in meinen eigenen vier Wänden. Wer weiß, was passiert wäre, wenn ich da oben das leere Nest angetroffen hätte. Oder dir macht jemand auf: Ja bitte, Sie wünschen, kommen Sie mal erst herein...Er hatte mir geschrieben. Ich sollte mich entscheiden, aber es müsse sehr schnell gehen.Nein, das kam nicht aus heiterem Himmel, das nicht. Wir hatten vorsichtig darüber gesprochen. Du hast dich doch gar nicht getraut, laut über solche Probleme nachzudenken. Auch wenn die Sportler da schon eher ein paar Freiheiten hatten, aber die wollten sie ja nicht leichtsinnig aufs Spiel setzen. Durch den Sport fing die ganze Chose übrigens an. Sie waren mit einer Delegation in Holland gewesen, und auf dem Rückweg in Westdeutschland. Es stand in seinen Unterlagen, dass der Vater in Düsseldorf lebt. Er hatte sich abgesetzt, da war Horst fünf oder sechs. So hatte es wohl nichts ausgemacht. Sie hatten ja auch keinen Kontakt, nicht mal über die Mutter. Da war mal ein Paket gekommen, das war natürlich aufgemacht worden und da bekam sie es mit der Angst. Ich hätte nicht geglaubt, dass das so perfekt organisiert war mit der Kontrolle. Horst hat mich ausgelacht mit meiner Naivität. Vielleicht hat er aus Trotz seinen Vater in Düsseldorf ausfindig gemacht und besucht. Sie hatten da zu tun, Wettkampfabsprachen über zwei Tage, sowas gab es ja, und da ist Horst ihn suchen gegangen. Schade, das hätte ich gern gesehen, wie die zwei sich gegenüberstanden. Ich stelle mir das spannend vor, wenn ein Vater einen Sechsjährigen im Gedächtnis hat und dann einem Sechsunddreißigjährigen gegenübersteht. Sie müssen sich auf Anhieb verstanden haben. Vielleicht gibt es sie tatsächlich, die Stimme des Blutes. Bei mir geht das zwar nicht zusammen, aber Horst hat geschworen, dass es so war. Ich glaube, Horst hat etwas von einem Träumer. Mal abgesehen von der sportlichen Härte ist er ganz weich. Das hast du oft bei solchen Muskelmännern, hab ich festgestellt. Und der Vater muss ein ganz ausgebuffter Geschäftsmann sein, einer mit angeborenen Sporen an den Ellenbogen, sonst hätte er sich gar nicht durchgesetzt. Er hat eine Gebrauchtwagenfirma, im großen Stil. Angefangen hat er mit einer Tankstelle. Dann hat er den Amis, die über den großen Teich zurückfuhren, die Autos billig abgehökert. Die waren sogar froh, wenn sie noch was dafür bekamen. Horst sagte, das kann man sich nicht vorstellen, wenn man bei uns aufgewachsen ist. Autos in Hülle und Fülle, eines schöner als das andere. Klar, damit kann man nur Männer korrumpieren, die jedoch gründlich. Horst war kein Wohlstandsfetischist, aber sein Spielzeug Auto brauchte er. Über meinen alten Trabbi hat er nur gelacht. Komm, heute fährst du mal ein richtiges Auto, mach es mir nicht kaputt. Er konnte sich das natürlich leisten. Auch wenn immer in der Zeitung stand, dass bei den Auszeichnungen der Sportler keine materiellen Zuwendungen gemacht würden, sie bekamen ein schönes Stück Geld. Das war hart verdient, da kannst du sicher sein. Aber ein Lehrer oder ein Schlosser arbeiten sicherlich auch schwer und bekommen weniger, ganz zu schweigen von Krankenschwestern oder Verkäuferinnen. Wir haben in der ganzen Zeit nie großartig über das Materielle geredet. Nur manchmal, und dann kam das natürlich hoch, was er bei seinen Auslandseinsätzen gesehen hatte. Nicht das ich neidisch war, aber wer freut sich nicht über einen modischen Fummel oder ein Parfüm aus Frankreich oder Italien. Mein Gott, wenn man ein gewisses Alter erreicht hat, kann man leben ohne solchen Luxus, da zählt wirklich anderes. Aber schön ist es eben doch, wenn dir andere hinterherschauen. Sieht man sofort, woher die Klamotten sind, da kannst du reden, was du willst. Für mich wäre es kein Grund gewesen, alles stehen oder liegen zu lassen. Immerhin weiß man, was man in dem Alter für Aussichten hat, eine krisenfeste Arbeit zu bekommen. Dafür haben die Medien auf beiden Seiten gesorgt, auch wenn sie sich sonst bekriegt haben bis aufs Messer. Klar, wir sind mit Doppelbildern aufgewachsen, mach, was du willst, das sitzt im Hinterkopf. Mich wundert es gar nicht, dass es vor allem die Jüngeren waren, die den Sprung ins kalte Wasser wagten.

Wir hätten warmes Wasser vorgefunden.. Der Vater von Horst beschäftigt an die zwanzig Leute. Der Geschäftsführer ist Ende fünfzig und will sich ausklinken, Horst sollte die Stelle übernehmen. Du bist verrückt, habe ich gesagt, das kannst du doch gar nicht.Weißt du, was da dran hängt? Was hast du denn gelernt?

Sport mit Diplom, wie willst du da in ein Geschäft einsteigen? Auch wenn er dein Vater ist, der muss Geld machen, sonst geht er ein. Horst war danach nicht mehr so euphorisch. Er dachte jedoch nicht daran, die Idee zu streichen. Er hat seinen Vater noch ein- oder zweimal getroffen. Er hat es mir nur nicht mehr erzählt. Damit ich mich nicht mal verquatsche unter den Kumpels, soweit

ginge die Freundschaft nicht. Man konnte nie wissen, wer
da den heißen Draht bedient. Ich fand das lächerlich, diese
Sorge und Vorsicht. Ich hab das wirklich übertrieben
gefunden. Ich war wohl nicht die einzige Naive.
Weil Horst nichts mehr sagte, nahm ich an, das Thema sei
gefrühstückt. Und dann der Brief. Frag nicht, entscheide
dich, die Zeit muss dir reichen. Eine Woche. Sag keinem
was. Wir fahren einfach weg. Urlaub, eine Gelegenheit,
das wird jeder verstehen.
Und da setzte bei mir dieser Mechanismus ein, den ich
schon vergessen hatte. Dieses Denken von Töchtern aus
gutem Haus. Diese Ideologie meiner geliebten
Großmutter. Kind, du wirst doch nicht einem Mann
nachlaufen, mit dem du nicht rechtens verbunden bist!
Erst heiraten, dann sieht das schon anders aus. Stell dir
vor, der nimmt dich nachher doch nicht, was willst du
dann da drüben tun? Däumchendrehen. Teller waschen. So
eine wunderschöne Arbeit, die dir auch noch Spaß macht,
die bekommst du doch nicht wieder. Oder vielleicht
Aschenputtel für Vater und Sohn? Na danke, das geht
nicht lange gut bei deiner Vorliebe für Hausarbeit.
Als ich ihn im Sportclub anrufen wollte, da war er schon
nicht mehr zu erreichen. Er kam auch nicht vorbei wie
sonst, wenn er irgendwohin fuhr. Ich wäre nicht im Traum
darauf gekommen, dass er es auf die Glücksrittertour
versuchen würde. Aber er hat es getan.
Hat alles auf diese ungarisch-österreichische Karte gesetzt
und gewonnen. Stell dir vor, sie hätten ihn erwischt oder
aus Versehen vielleicht sogar erschossen. Als er anrief,
war ich so perplex, ich konnte einfach nichts sagen. Ich
fühlte mich auf einmal so allein gelassen, so verraten.
Auch seine Kumpels waren sprachlos. War ja noch die
Zeit, wo man mit allem rechnen musste. Wer wusste was,
war jemand eingeweiht, wem hatte er etwas geschenkt,

gab es keine Anzeichen, irgendwer muss doch was gemerkt haben...

Ich habe in den Wochen danach nichts Ordentliches zustande gebracht. Immer woanders mit den Gedanken. Da kommen dir schon seltsame Ideen. Was weiß ich denn, wen er da vielleicht noch getroffen hat unterwegs; lange genug waren sie doch manchmal weg. Vielleicht ist es gar nicht der Vater, der ihn überredet hat? So taufrisch ist man mit fünfunddreißig nun auch nicht mehr. Da kann man schon einschätzen, welche Chancen man hat, einen Kerl noch einmal so richtig anzuketten. Das dauerte dann auch gar nicht lange, da war ich fast sicher, dass er sich auf diese Weise von mir frei machen wollte. Der ist vor dir desertiert, dachte ich. Wenn er anrief, und das hat er ein paar Mal probiert, dann brauchte ich nur seine Stimme zu hören und schon legte ich auf. Ich war so kaputt, ich konnte einfach nicht mehr. Danach kamen Briefe, nett und einfühlsam. Trotzdem hat es gedauert, bis ich geantwortet habe. Schließlich dieser Tag, dieser wahnsinnige Donnerstag. Ich war außerhalb unterwegs, gar nicht in der Stadt. Als ich zurückkam aus Merseburg, habe ich noch gar nichts bemerkt. Nur so eine allgemeine Nervosität. Hätte ich bloß das Fernsehen angemacht. Meine Kollegen glaubten, ich käme vom Mond und so kam ich mir auch vor. Die ersten waren nachts gleich rüber gezogen zum Ku´damm. In der Mittagspause gingen die nächsten los und kamen mit Bananen und Kiwis zurück, heulten und lachten und soffen Sekt, dass dir Angst und Bange werden konnte. Das war wie ein Strudel. Ich habe zu Hause gesessen und gewartet. Ich dachte, wenn du jetzt aus dem Bau gehst, kommt er vielleicht und du bist nicht da. Ich hatte keine Vorstellung davon, wie lange man von Düsseldorf nach Berlin braucht. Ich nahm nur an, es müsste ungeheuer schnell gehen. Als er dann wirklich anrief und sich für den nächsten Freitag nachmittag anmeldete, war ich die Ruhe in Person. Freitag ist gut, habe ich gesagt, Freitag geht es. Als wenn ich einen Kalender wie eine Diva hätte. Er hat das wahrscheinlich gar nicht gemerkt, wie sehr meine Stimme zitterte. Danach habe ich mich verflucht. Warum habe ich ihn nicht erst mal zappeln lassen? Wollte ich nicht schon selber los, nach Düsseldorf, um ihn an Ort und Stelle zu überraschen? Meine Großmutter, die Gute, hat wieder die Hände im Spiel gehabt mit ihren Sprüchen. Was dir zugedacht, wird dir ins Haus gebracht. Warte also mal hübsch geduldig ab, was da kommt. Ach, ich dumme Kuh habe die Bude umgekrempelt, habe eingekauft wie für eine Jugendweihe, bin zum Friseur gerannt und habe die Ladys dort überredet, ausnahmsweise mal ohne Terminabsprache Hand an mich zu legen. Ich schwöre dir, ich hab mir extra neue Schuhe gekauft für diesen Freitag. Und dann kam er mit diesem Schlitten vorgefahren, einem Vectra, ganz neues Modell. Dunkelblau und vornehm. Ich weiß nicht, was passiert wäre, wenn er nicht wie aufgezogen von dem Auto, von seiner rekordverdächtigen Fahrt und vom Zweck seiner Reise erzählt hätte. Irgendeine Werkstatt sollte irgendwelche Getriebe reparieren. Er war nur auf einen Sprung gekommen, hatte eine Dienstreise benutzt, um mich zu besuchen. Und ich selten dämliches Huhn war bereit gewesen, ihm jede Ausrede zu glauben und alles zu verzeihen, den Strom von Tränen, den Berg von Sorgen. Aber vor mir stand nur ein Dienstreisender, einer in einem knitterfreien Nadelstreifenanzug, mit einer Seidenkrawatte um den Hals und einem bunten Reklamebeutel in der Hand ...

Den Beutel habe ich, so wie er war, in die Mülltonne gefeuert. Gut, dass du mich nicht gefragt hast, wie es mir geht ...

1990

Klappehalten

Eine S-Bahn fährt im März 1996 gegen 22.30 Uhr in den
Bahnhof Griebnitzsee und wird blitzschnell und
systematisch von Grenzern und Zöllnern der DDR
umstellt. Die Reisenden, ältere Leute, Studenten, eine
Schülergruppe aus Pfaffenhofen in Bayern, ehemalige
DDR-Bürger, darunter auch zwei Offiziere, werden
aufgefordert, den Zug zu verlassen und ihre
Personaldokumente zur Kontrolle vorzuzeigen.
Eingeschüchtert, entsetzt, neugierig, ahnungsvoll folgen
die Menschen zögernd der Aufforderung, sich einzeln
unter Angabe der Personalien in ein neben dem Bahnhof
aufgebautes grünes Zelt zu begeben. Auf dem Bahnsteig
ist es finster, drinnen im Zelt brennt, an einen grünen
Holzpfahl gebunden, eine grelle Zeltleuchte. Ein im
Zweitakt belferndes Notstromaggregat läuft irgendwo.
Sonst ist es still. Neben dem Zelt ein olivgrüner
Lastwagen W 50 und ein LO 1800. Soldaten in
Arbeitsuniform laden Stacheldrahtrollen von den LKW.
Im Zelt Offiziere in Tarnanzügen und mit Kartentaschen
an Holztischen. Darauf topographische Karten, Malstifte
und Taschenlampen. Im Zelt verteilt Holzpritschen, eine
Hockerküche, aus der ab und zu jemand einen Becher Tee
zapft. Durch die Zeltfenster sind Objektive auf das Innere
gerichtet.
Den verhalten murrenden Versammelten wird nach langer
Pause die Frage gestellt, ob sie keine Nachrichten gehört
hätten.
Um 22.00 Uhr sei die insgeheim mit Mitgliedern der
ehemaligen Modrow-Regierung und der Bundesregierung
vereinbarte Rück-Ausgliederung der ehemaligen DDR aus
der BRD wirksam geworden. Wir sind wieder unter uns,

179

ihr seid für euch! Gerade ging die Pressekonferenz mit
Schäuble und Krause zu Ende. Schabowski hatte
traditionell auch diesmal moderiert.
Die bayerischen Schulkinder lachen sich scheckig über
diesen guten Witz.
Die Älteren sind erst skeptisch, dann wütend, dann aus
Erfahrung zunehmend ängstlich. Sie werden durch das
barscher werdende Gehabe der Uniformierten und durch
das heiser gebelferte "Klappe" eines Zivilisten, der mit
seinem Ledermantel verdächtig nach einem Altkader aus
der Normannenstraße aussieht, eingeschüchtert und
ergeben sich in ihr Schicksal, in dem sie den Anweisungen
hilflos lächelnd folgen. Jeder denkt an Zurückliegendes.
Manche versuchen, ihr Leben in den vergangenen fünf
Jahren zu denunzieren.Wurde aber auch Zeit. Ich habe es
ja immer gesagt: war doch nicht alles schlecht. Ich war
übrigens lange Zeit Parteisekretär in der Schleiferei. Weiß
man schon, wer der neue Generalsekretär ist und was aus
der Reisefreiheit wird? Wenn man wüsste, ob man noch
durchkommt ...meine Frau ist mit ihrer Schwester in die
Schwarzwaldklinik gefahren ...Scheiße, habe vorige
Woche erst den Job bekommen ...hat niemand so ein
Handy?
Die Offiziere fragen, ob für Reservisten etwa Uniformen
vorhanden seien.Oder ob sie bei der Kartenarbeit helfen
können.
Panik und Gelassenheit liegen dicht beieinander.
Charakterzüge wie Trotz und Anbiederei werden
angedeutet.
Jemand fragt schüchtern nach den Toiletten. Vielleicht mit
Marmorfußboden und verchromten Wasserhähnen ? höhnt
einer der Uniformierten
Die Luft im Zelt wird stickig, es riecht nach Benzin und
Imprägniermittel.

Das Suchen nach Sitzgelegenheiten und das versehentliche Anrempeln lösen Aggressionen aus. Einige Schüler haben sich auf den Boden gesetzt und versuchen zu schlafen.
Eine anonyme Stimme, wahrscheinlich der Pfaffenhofener Lehrer, murrt vernehmlich, dass nun langsam etwas passieren muss.
Warten Sie´s doch ab, wird ihm von einem der ehemaligen Offiziere, der dabei zu seiner eigenen Verwunderung schon fast wieder den alten Ton trifft, anempfohlen.

Nach einer Stunde erscheint ein Mann mit einem Handlautsprecher.
Klappehalten!
Mal Ruhe auf dem Set.
Sorry, Sie sind hier falsch. Guten Heimweg.
Ein übereifriger Produktionsassistent hat die Züge verwechselt.
Erwartet wurde ein Sonderzug mit Komparsen für einen Fernsehthriller.
Der Untergang der Gänsefüßchenrepublik sollte ein weiteres Mal milieugerecht bebildert werden.

1996

Inhalt

Aus der Chronik des Widerstands

Schwache Stunden